COURS

DE

THÈMES ALLEMANDS

A L'USAGE

DES CLASSES DE GRAMMAIRE ET D'HUMANITÉS

COURS

DE

THÈMES ALLEMANDS

A L'USAGE

DES CLASSES DE GRAMMAIRE ET D'HUMANITÉS

PAR F. G. EICHHOFF

Inspecteur de l'Académie de Paris
Professeur honoraire de la Faculté de Lyon
Correspondant de l'Institut.

NOUVELLE ÉDITION

PRÉCÉDÉE

D'UN RÉSUMÉ DE GRAMMAIRE

PARIS

LIBRAIRIE HACHETTE ET Cie
79, BOULEVARD SAINT-GERMAIN, 79

1873

PREFACE.

Persuadé depuis longtemps que l'étude des langues vivantes ne saurait être efficace si elle n'est commencée de bonne heure, nous avions préparé ces Exercices, destinés aux classes de grammaire et devant naturellement servir d'introduction à nos Morceaux choisis.

Divers arrêtés ministériels ont confirmé nos prévisions et satisfait de la manière la plus complète aux vœux et aux intérêts des familles. Heureux de contribuer, selon notre pouvoir, à seconder ces mesures si sages, si généralement approuvées, nous avons réuni dans ces volumes, soit pour l'allemand, soit pour l'anglais, des Cours gradués de Versions et de Thèmes, qui reproduisent successivement les éléments du vocabulaire, la flexion des mots, la construction des phrases, dans une série de textes faciles accompagnés

de notes explicatives. L'expérience de plusieurs professeurs distingués, qui ont bien voulu nous prêter
leur active collaboration, est un sûr garant de l'utilité
pratique de cet ouvrage, lequel, de concert avec les
Grammaires usuelles et d'autres Recueils justement
estimés, s'adresse aux élèves de sixième, de cinquième,
de quatrième, ainsi qu'à ceux des classes profession-
nelles. Deux vocabulaires spéciaux de Racines allemandes et anglaises, rangées d'après leurs désinences, avec des règles de formation et d'étymologie,
font de ces six volumes d'Exercices un Manuel d'en-
seignement élémentaire complet.

RÉSUMÉ

DE

GRAMMAIRE ALLEMANDE

RÉSUMÉ

DE

GRAMMAIRE ALLEMANDE

Ces Éléments sont destinés aux élèves des classes de Grammaire, connaissant déjà l'alphabet, l'écriture et la prononciation allemandes, et pouvant s'occuper de la déclinaison.

En allemand on décline : l'article, le substantif, l'adjectif et le pronom. Ces mots prennent la marque du genre, du nombre et du cas. On compte trois genres : le masculin, le féminin et le neutre; deux nombres : le singulier et le pluriel : quatre cas : le nominatif ou sujet, l'accusatif ou régime, le génitif ou possessif, le datif ou attributif [1].

DE L'ARTICLE.

Déclinaison de l'article défini.

	SINGULIER.			PLURIEL.
	Masc.	Fém.	Neutre.	Commun.
N.	Der,	die,	das,	die.
G.	Des,	der,	des,	der.
D.	Dem,	der,	dem,	den.
A.	Den,	die,	das,	die.

[1]. L'accusatif devrait, dans toutes les langues, être placé immédiatement après le nominatif, ainsi que nous l'avons indiqué dans notre *Grammaire générale;* mais nous devons nous conformer à l'usage.

Déclinaison de l'article indéfini.

SINGULIER.

	Masc.	Fém.	Neutre.
N.	Ein,	eine,	ein.
G.	Eines,	einer,	eines.
D.	Einem,	einer,	einem.
A.	Einen,	eine,	ein.

Pas de pluriel, ni d'article partitif.

Ces deux articles renferment la déclinaison générique des adjectifs et des pronominaux allemands, représentée plus exactement encore, par l'adjectif Aller, alle, alles, tout[1].

———

DU SUBSTANTIF.

Il y a en allemand trois déclinaisons de substantifs, la forte, la faible et la mixte, avec ou sans inflexion au pluriel.

L'inflexion consiste, comme on le sait, dans le changement des voyelles a, o, u, en å, ó, ú.

Ces déclinaisons contiennent chacune plusieurs subdivisions dont nous avons donné les exemples.

DÉCLINAISON FORTE.

Noms masculins, gén. (e)s, plur. e, avec inflexion[2].

Exemple :

	SINGULIER.		PLURIEL.
N.	Der Sohn, le fils,		die Söhne, les fils.
G.	Des Sohnes, du fils,		der Söhne, des fils.
D.	Dem Sohne, au fils,		den Söhnen, aux fils.
A.	Den Sohn, le fils,		die Söhne, les fils.

---

1. Ces désinences fondamentales de la déclinaison allemande correspondent, en étymologie, aux désinences pronominales du latin *alius, alia, aliud.*

2. Voir, pour l'application de tous les exemples, notre *Cours de Versions allemandes*, Phrases simples, I.

Les substantifs masculins terminés en *el, en, er* prennent seulement *s* au génitif singulier et n'ajoutent rien au nominatif pluriel, soit qu'ils subissent ou non l'inflexion.

Exemple :

	SINGULIER	PLURIEL
N.	Der Vater, le père,	die Väter, les pères,
G.	Des Vaters,	der Väter.
D.	Dem Vater,	den Vätern.
A.	Den Vater,	die Väter.

Exemple :

N.	Der Spiegel, le miroir,	die Spiegel, les miroirs.
G.	Des Spiegels,	der Spiegel,
D.	Dem Spiegel,	den Spiegeln.
A.	Den Spiegel,	die Spiegel.

Noms masculins, gén. (e)s, plur. e, sans inflexion[1].

Exemple :

N.	Der Tag, le jour,	die Tage, les jours.
G.	Des Tages,	der Tage.
D.	Dem Tage,	den Tagen.
A.	Den Tag,	die Tage.

Noms masculins, gén. (e)s, plur. er, avec inflexion.

Exemple :

	SINGULIER.	PLURIEL.
N.	Der Mann, l'homme,	die Männer, les hommes.
G.	Des Mannes,	der Männer.
D.	Dem Manne,	den Männern.
A.	Den Mann,	die Männer.

Noms neutres, gén. (e)s, plur. e, sans inflexion[1].

Exemple :

N.	Das Jahr, l'année,	die Jahre, les années.
G.	Des Jahres,	der Jahre.
D.	Dem Jahre,	den Jahren.
A.	Das Jahr,	die Jahre [2].

1. Voir *Versions allemandes*, II, III, IV.
2. Remarquez, pour ce mot comme pour une quantité d'autres, que le h au milieu d'une syllabe n'est qu'un signe d'allongement, comme l'accent circonflexe français.

Noms neutres, gén. (e)s, plur. er, avec inflexion [1].

Exemple :

N.	Das Dach, le toit,	die Dächer, les toits.
G.	Des Daches,	der Dächer.
D.	Dem Dache,	den Dächern.
A.	Das Dach,	die Dächer.

Noms féminins, sing. invariable, plur. e, avec inflexion.

Exemple.

SINGULIER.		PLURIEL.
N. Die Hand, la main,		die Hände, les mains.
G. Der Hand,		der Hände.
D. Der Hand,		den Händen.
A. Die Hand,		die Hände.

Remarques :

Suivent la déclinaison forte à ses divers degrés
1° Tous les noms neutres ;
2° La plupart des noms masculins;
3° Quelques noms féminins au pluriel seulement; car au singulier tous les féminins restent invariables.

DÉCLINAISON FAIBLE.

Noms masculins, gén. en, plur. en, sans inflexion [2].

N.	Der Graf, le comte,	die Grafen, les comtes.
G.	Des Grafen,	der Grafen.
D.	Dem Grafen,	den Grafen.
A.	Den Grafen,	die Grafen.

Noms masculins étrangers, gén. et plur. en, sans inflexion.

N.	Der Student, l'étudiant,	die Studenten, les étudiants.
G.	Des Studenten,	der Studenten.
D.	Dem Studenten,	den Studenten.
A.	Den Studenten,	die Studenten.

1. *Versions allemandes, V, VI.*
2. *Versions allemandes, VII, VIII.*

Noms féminins, gén. invariable, plur. en, sans inflexion [1].

N.	Die Frau, la femme,	die Frauen, les femmes.
G.	Der Frau,	der Frauen.
D.	Der Frau,	den Frauen.
A.	Die Frau,	die Frauen.

Remarques :

Suivent la déclinaison faible :

La plupart des féminins, sauf quelques exceptions;

Un certain nombre de noms masculins; plus des noms masculins étrangers.

DÉCLINAISON MIXTE.

Noms masculins, gén. (e)s, plur. en, sans inflexion[1].

Exemple :

SINGULIER.	PLURIEL.
N. Der Staat, l'état,	die Staaten, les états.
G. Des Staates,	der Staaten.
D. Dem Staate,	den Staaten.
A. Den Staat,	die Staaten.

Noms neutres, gén. (e)s, plur. en, sans inflexion.

N.	Das Auge, l'œil,	die Augen, les yeux.
G.	Des Auges,	der Augen.
D.	Dem Auge,	den Augen.
A.	Das Auge,	die Augen.

Comme on le voit, la déclinaison mixte n'est autre chose que la déclinaison forte au singulier et la déclinaison faible au pluriel. Elle comprend quelques noms masculins, quelques noms neutres et quelques mots étrangers, qui prennent l'accent tonique sur la pénultième.

1. *Versions allemandes*, IX, X, XI.

DÉCLINAISON DES NOMS PROPRES.

1) Noms propres d'origine allemande.

Les noms de personnes d'origine allemande se déclinent ordinairement sans article. Les masculins ne prennent que la désinence ß du génitif, mais lorsqu'ils se terminent par ß, ʒ, ß, ſch, χ, ils prennent à ce cas, de même que les féminins en e, les désinences enß au génitif, en au datif.

Exemple :

N. Karl, Charles.	Franz, François.
G. Karlß,	Franzenß.
D. Karl,	Franzen.
A. Karl,	Franz(en).

N. Luiſe, Louise.
G. Luiſenß.
D. Luiſen.
A. Luiſe.

Au pluriel les noms propres d'origine allemande prennent l'article et suivent la déclinaison des noms communs sans inflexion. Ex. : die Leſſinge, die Kante, die Schiller, die Schlegel.

2) Noms propres d'origine étrangère.

Ces noms se déclinent avec ou sans article. Précédés de l'article, ils sont invariables ; sans article ils ne prennent que la terminaison ß du génitif, de quelque genre qu'ils soient.

Quand deux noms propres appartenant à la même personne se suivent, le dernier seul se décline. Ex. : Maria Stuart's Tob, la mort de Marie Stuart.

DES PRONOMS.

On distingue les pronoms proprement dits, personnels ou réfléchis, et les adjectifs pronominaux, possessifs, démonstratifs, relatifs, interrogatifs, indéfinis.

Pronoms personnels[1].

1re *personne.*

SINGULIER.	PLURIEL.
N. Ich, je, moi,	wir, nous.
G. Meiner, de moi,	unser, de nous.
D. Mir, à moi, me,	uns, à nous.
A. Mich, moi, me,	uns, nous.

2e *personne.*

N. Du, tu, toi,	ihr, vous.
G. Deiner, de toi,	euer, de vous.
D. Dir, à toi, te,	euch, à vous.
A. Dich, toi, te,	euch, vous.

3e *personne.*

	M.	F.	N.	Plur. commun.
N.	Er, il,	sie, elle,	es, il, cela,	sie, ils, elles (vous).
G.	Seiner, de lui,	ihrer, d'elle,	seiner, de lui,	ihrer, d'eux, d'elles.
D.	Ihm, à lui,	ihr, à elle,	ihm, à lui,	ihnen, à eux, à elles.
A.	Ihn, le, lui,	sie, la,	es, le, cela,	sie, les, elles.

Les pronoms du, ihr, sie, s'emploient à divers degrés pour parler à une personne. Du, tu, dans le style familier; Ihr, vous, dans le style littéraire; Sie, ils, elles (au lieu de vous) dans le style de conversation polie, où l'on l'écrit avec une masjuscule.

Pronoms réfléchis.

3e *personne.*

	M.	F.	N.	Plur. commun.
G.	Seiner, de soi,	ihrer,	seiner,	ihrer, d'eux.
D.	Sich, à soi,	sich,	sich,	sich.
A.	Sich, soi,	sich,	sich,	sich.

1. Voir *Versions allemandes*, XII, XIII.

Pronoms possessifs [1].

M.	F.	N.	Plur. commun.
Mein, mon,	meine, ma,	mein, mon;	meine, mes.
Dein, ton,	deine,	dein,	deine.
Sein, son,	seine,	sein,	seine.
Ihr, son,	ihre,	ihr,	ihre.
Unser, notre,	unfre,	unser,	unfre.
Euer, votre,	eure,	euer,	eure.
Ihr, leur,	ihre,	ihr,	ihre.

Les pronoms possessifs se rapportent en allemand à l'objet possesseur, tout en prenant le genre de l'objet possédé : Der Vater liebt seine Tochter, die Mutter liebt ihren Sohn; le père aime sa fille, la mère aime son fils.

Les degrés de politesse s'appliquent également à ces pronoms, formés du génitif des personnels.

Isolés du substantif, ces mots deviennent meiner, meine, meines, avec désinences fortes, ou der, die, das meinige, avec désinences faibles.

Pronoms démonstratifs [1].

Der, die, das, celui, celle, ce.
Dieser, diese, dieses, celui-ci, celle-ci, ceci.
Jener, jene, jenes, celui-là, celle-là, cela.
Solcher, solche, solches, tel, telle.
Derjenige, diejenige, dasjenige, celui, celle.
Derselbe, dieselbe, dasselbe, le même, la même.

1° Der, avec un substantif se décline comme l'article défini ; sans substantif il se décline de la manière suivante :

	SINGULIER.		PLURIEL.
N. Der, ce,	die,	das,	die.
G. Deffen,	deren,	deffen,	derer.
D. Dem,	der,	dem,	denen.
A. Den,	die,	das,	die.

1. *Versions allemandes*, XIV, XV.

2° Diefer, véritable type de la déclinaison adjective, se décline ainsi :

	SINGULIER.		PLURIEL.	
N.	Diefer, celui-ci, birfe,	biefes,	biefe.
G.	Diefes,	biefer,	biefes,	biefer.
D.	Diefem,	biefer,	biefem,	biefen.
A.	Diefen,	biefe,	biefes,	birfe.

Jener, folcher, se déclinent de même; ainsi que la première syllabe de berfelbe, berjenige; mais la seconde suit la déclinaison faible de l'adjectif.

Pronoms relatifs [1].

Il y en a quatre qui sont :

Der, bie, bas, qui (identique à ber démonstratif).
Welcher, welche, welches, lequel (décliné comme biefer).
Wer, was, celui qui, ce qui.

	M. F.	N.	Pluriel manque.
N.	Wer, celui qui,	was, ce qui.	
G.	Weffen,	weffen.	
D.	Wem,	(zu was).	
A.	Wen,	was.	

So, adverbe invariable, se substitue souvent au nominatif ou à l'accusatif relatif.

Pronoms interrogatifs [1].

Il y en a quatre :

Welcher, lequel?	welche,	welches.
Wer, qui ?	(wer),	was.
Welch ein, quel?	welch eine,	welch ein.
Was für ein, quel?	was für eine,	was für ein.

Welcher se décline comme biefer.
Wer se décline comme plus haut.
Dans welch' ein et was für ein, on ne décline que ein qui prend la terminaison de l'article indéfini; au pluriel welch' peut prendre la terminaison de biefer; was für reste invariable.

1. *Versions allemandes*, XV.

Pronominaux indéfinis.

Einer, l'un,	Man, on,
Anderer, l'autre,	Jemand, quelqu'un.
Aller, tout,	Niemand, personne.
Jeder, chacun,	Jedermann, chacun.
Keiner, aucun,	Mancher, maint.
Einiger, quelque,	Vieler, beaucoup.
Etlicher, quelque,	Ganzer, entier.
Etwas, quelque chose,	Nichts, rien.

NOMS DE NOMBRES[1].

Cardinaux.	*Ordinaux.*
1 Eins,	der erste.
2 Zwei,	der zweite.
3 Drei,	der dritte.
4 Vier,	der vierte.
5 Fünf,	der fünfte.
6 Sechs,	der sechste.
7 Sieben,	der siebente.
8 Acht,	der achte.
9 Neun,	der neunte.
10 Zehn,	der zehnte.
11 Eilf,	der eilfte.
12 Zwölf,	der zwölfte.
13 Dreizehn,	der dreizehnte.
14 Vierzehn,	der vierzehnte.
15 Fünfzehn, etc.,	der fünfzehnte, etc.
20 Zwanzig,	der zwanzigste.
21 Ein und zwanzig,	der ein und zwanzigste.
30 Dreißig,	der dreißigste.
40 Vierzig,	der vierzigste.
50 Fünfzig, etc.	der fünfzigste, etc.
100 Hundert,	der hundertste.
101 Hundert und eins,	der hundert und erste[1].
1000 Tausend,	der tausendste.

Les dix premiers nombres cardinaux correspondent, sauf la prononciation, à ceux des langues classiques. Les nombres eilf et zwölf sont contractés de ein-lif, zwe-lif, un, deux, de reste après dix. Puis on ajoute aux noms simples, pour la seconde dixaine, la désinence zehn, dix, qui devient zig, dans les décades suivantes.

1. *Versions allemandes*, XVI.

Les nombres ordinaux se forment, sauf le premier, en ajoutant aux nombres cardinaux la desinence te ou ſte.

Les nombres partitifs, augmentatifs, fractionnaires, prennent diverses terminaisons.

Beide, tous deux,	viertel, quart.
Einmal, une fois,	drittel, tiers.
Zweimal, deux fois,	halb, demi.
Fünferlei, de cinq manières,	sechste halb, cinq et demi (mot à
Zehnfach, décuple,	mot, un demi vers six).

ADJECTIFS.

Les adjectifs allemands sont attributs ou épithètes ; dans le premier cas ils restent invariables.

Dans le second, comme épithètes, ils comprennent trois déclinaisons, la forte, la faible et la mixte.

Déclinaison forte de l'adjectif, terminaison er, e, es [1].

MASC. S.	FÉM. S.	NEUTRE S.
N. Guter Wein,	gute Milch,	gutes Wasser,
de bon vin,	de bon lait,	de bonne eau.
G. Gutes (en) Weines,	guter Milch,	gutes(en) Wassers
D. Gutem Weine,	guter Milch,	gutem Wasser.
A. Guten Wein,	gute Milch.	gutes Wasser.

Pluriel des trois genres.

N. Gute Weine, de bons vins.
G. Guter Weine.
D. Guten Weinen.
A. Gute Weine.

Déclinaison faible de l'adjectif, terminaison e [1].

M. S.	F. S.
N. Der gute Vater, le bon père,	die gute Mutter, la bonne mère.
G. Des guten Vaters,	der guten Mutter.
D. Dem guten Vater,	der guten Mutter.
A. Den guten Vater,	die gute Mutter.

1. *Versions allemandes*, XVII, XVIII, XIX.

N. Das gute Kind, le bon enfant.
G. Des guten Kindes.
D. Dem guten Kinde.
A. Das gute Kind.

Pluriel des trois genres.

N. Die guten Väter,   Mütter,   Kinder,   les bons pères, les bonnes mères, les bons enfants.
G. Der guten Väter,   Mütter,   Kinder.
D. Den guten Vätern,   Müttern,   Kindern.
A. Die guten Väter,   Mütter,   Kinder.

Déclinaison mixte des adjectifs, terminaison er, es, e[1].

N. Mein guter Vater,   meine gute Mutter,   mein gutes Kind,
G. Meines guten Vaters,   meiner guten Mutter,   meines guten Kindes,
D. Meinem guten Vater,   meiner guten Mutter,   meinem guten Kinde,
A. Meinen guten Vater,   meine gute Mutter,   mein gutes Kind.

Le pluriel est semblable à celui de la déclinaison faible.

Règles pour la déclinaison des adjectifs.

1° L'adjectif épithète suit la déclinaison forte quand il n'est précédé d'aucun article, ni d'aucun autre déterminatif.

2° Il suit la déclinaison faible, quand il est précédé de l'article défini der, die, das, ou de l'un des déterminatifs à terminaisons fortes, tels que dieser, jener, solcher, welcher, etc.

3° Il suit la déclinaison mixte, quand il est précédé de l'article indéfini ein, eine, ein, ou des adjectifs pronominaux mein, dein, sein, unser, euer, ihr, kein, etc.

2° Aucun adjectif ne prend l'inflexion au pluriel.

5° Au nominatif et à l'accusatif pluriel l'adjectif peut prendre la terminaison forte, quand il est précédé des adjectifs numéraux alle, tous, einige, etliche, quelques, manche, maints, viele, beaucoup.

6° Les adjectifs en el, en, er, perdent l'e qui précède la liquide, dès qu'ils prennent une terminaison commençant par e, ex. : edel, noble ; edler, edle, edles.

____

1. *Versions allemandes*, XX.

COMPARATIFS ET SUPERLATIFS.

On forme le comparatif en ajoutant er ou seulement r, au positif.

On forme le superlatif en ajoutant eſt ou seulement ſt, au positif. Ex. :

Werth, digne,	werther, plus digne,	der wertheſte, le plus digne.
Reich, riche,	reicher, plus riche,	der reichſte, le plus riche.
Klein, petit,	kleiner, plus petit,	der kleinſte, le plus petit.
Blöde, timide,	blöder, plus timide,	der blödeſt=c, le plus timide.

Une trentaine d'adjectifs, presque tous monosyllabes, modifient les voyelles a, o, u, en â, ô, û, au comparatif et au superlatif, ex. : alt, vieux, älter, der älteſte ; klug, prudent, klüger, der klügſte.

Les comparatifs et les superlatifs se déclinent comme le positif avec l'article : ein wertherer, der werthere, der wertheſte

Quelques-uns sont irréguliers. Ex. :

Gut, bon,	beſſer,	der beſte.
Bös, mauvais,	ärger,	der ärgſte.
Hoch, haut,	höher,	der höchſte.
Groß, grand,	größer,	der größte.
Nah, proche,	näher,	der nächſte.
Viel, beaucoup,	mehr,	der meiſte.

DES VERBES.

La conjugaison des verbes allemands comprend huit temps simples :

Présent et prétérit de l'indicatif et du subjonctif ; présent de l'impératif et de l'infinitif ; participe présent et participe passé.

Elle compte dix temps composés :

Futur de l'indicatif et du subjonctif, parfait, plus-que-parfait et futur passé de ces deux modes ; conditionnel présent et passé.

Les temps simples dérivent de la racine avec des modifications légères. Les temps composés se forment, soit de l'infinitif, soit du participe passé avec l'aide des auxiliaires primitifs : Seyn, être, Haben, avoir, Werden, devenir ou devoir.

Les verbes allemands, actifs ou neutres, constituent deux conjugaisons, la faible ou moderne, la forte ou ancienne ; plus un certain nombre de verbes mixtes irréguliers, Voici d'abord les verbes auxiliaires[1].

Seyn, être.

INFINITIF ET PARTICIPES.

Seyn, être.
Seyend, étant.
Gewesen, été.
Gewesen seyn, avoir été.

PRÉSENT.

Indicatif.	*Subjonctif.*
Ich bin, je suis [2],	Ich sey, que je sois.
du bist,	du seyest,
er, sie, es ist,	er, sie, es sey,
wir sind,	wir seyen,
ihr seid,	ihr seyet,
sie sind.	sie seyen.

PRÉTÉRIT.

Ich war, je fus, j'étais [2],	Ich wäre, que je fusse.
du warst,	du wärest,
er war,	er wäre,
wir waren,	wir wären,
ihr waret,	ihr wäret,
sie waren.	sie wären.

IMPÉRATIF.

Sey, sois,
sey er, qu'il soit.
seyen wir, soyons,
seid, soyez.
seyen sie, qu'ils soient.

---

1. Voir *Versions allemandes*. Phrases simples, IX.
2. Bin, bist, sont formés du préfixe be avec in, ist. — Les passés war, gewesen, viennent de l'ancien verbe wesen, exister, devenu substantif dans ein Wesen, un être.

PARFAIT.

<table>
<tr><td>Indicatif.</td><td>Subjonctif.</td></tr>
<tr><td>Ich bin gewesen, j'ai été.</td><td>Ich sey gewesen, que j'aie été.</td></tr>
</table>

PLUS-QUE-PARFAIT.

Ich war gewesen, j'avais été.   Ich wäre gewesen, que j'eusse été.

FUTUR.

Ich werde seyn, je serai,	Ich werde gewesen seyn, j'aurai été [1].
du wirst seyn,	du wirst gewesen seyn,
er wird seyn,	er wrid gewesen seyn.
wir werden seyn,	wir werden gewesen seyn,
ihr werdet seyn,	ihr werdet gewesen seyn,
sie werden seyn.	sie werden gewesen seyn.

CONDITIONNEL.

Ich würde seyn, je serais [2],	Ich würde gewesen seyn, j'aurais été.
du würdest seyn,	du würdest gewesen seyn,
er würde seyn,	er würde gewesen seyn,
wir würden seyn,	wir würden gewesen seyn,
ihr würdet seyn,	ihr würdet gewesen seyn,
sie würden seyn.	sie würden gewesen seyn.

Verbe haben.

INFINITIF ET PARTICIPES.

Haben, avoir.
Habend, ayant.
Gehabt, eu.
Gehabt haben, avoir eu.

PRÉSENT.

<table>
<tr><td>Indicatif.</td><td>Subjonctif.</td></tr>
<tr><td>Ich habe, j'ai,</td><td>Ich habe, que j'aie,</td></tr>
<tr><td>du hast,</td><td>du habest,</td></tr>
<tr><td>er (sie, es) hat,</td><td>er habe,</td></tr>
<tr><td>wir haben,</td><td>wir haben,</td></tr>
<tr><td>ihr habt,</td><td>ihr habet,</td></tr>
<tr><td>sie haben.</td><td>sie haben.</td></tr>
</table>

1. Le futur et le conditionnel signifient proprement : je vais être ou je dois être ; j'allais être ou je devrais être.

2. Le futur subjonctif fait : ich werde, du werbest, er werbe seyn, etc.

PRÉTÉRIT.

Ich hatte, j'eus, j'avais,	Ich hätte, que j'eusse,
du hattest,	du hättest,
er hatte,	er hätte.
wir hatten,	wir hätten,
ihr hattet,	ihr hättet,
sie hatten,	sie hätten.

IMPÉRATIF.

Habe, aie,
habe er, qu'il ait,
haben wir, ayons,
habet, ayez,
haben sie, qu'ils aient.

PARFAIT.

Indicatif.	*Subjonctif.*
Ich habe gehabt, j'ai eu,	Ich habe gehabt, que j'aie eu.

PLUS-QUE-PARFAIT.

Ich hatte gehabt, j'avais eu,   Ich hätte gehabt, que j'eusse eu.

FUTUR.

Ich werde haben, j'aurai,   Ich werde gehabt haben, j'aurai eu.

CONDITIONNEL.

Ich würde haben, j'aurais.   Ich würde gehabt haben, j'aurais eu.

Verbe werden.

INFINITIF ET PARTICIPES.

Werden, devenir ou aller.
Werdend, devenant.
Geworden, devenu.
Geworden seyn, être devenu.

PRÉSENT.

Indicatif.	*Subjonctif.*
Ich werde, je deviens,	Ich werde, que je devienne,
du wirst,	du werdest,
er (sie, es) wird,	er werde,

wir werben,   wir werben,
ihr werbet,   ihr werbet,
sie werben.   sie werben.

PRÉTÉRIT.

Ich würbe, je devins ou je devenais.   Ich würbe, que je devinsse.
du würbest,   du würbest,
er wurbe,   er würbe,
wir wurben,   wir würben,
ihr wurbet,   ihr würbet,
sie wurben,   sie würben,

IMPÉRATIF.

Werbe, deviens,
werbe er, qu'il devienne,
werben wir, devenons,
werbet, devenez,
werben sie, qu'ils deviennent.

PARFAIT.

Indicatif.   *Subjonctif.*

Ich bin geworben, je suis devenu.   Ich sey geworben, que je sois devenu.

PLUS-QUE-PARFAIT.

Ich war geworben, j'étais devenu.   Ich wäre geworben, que je fusse devenu.

FUTUR.

Ich werbe werben, je deviendrai.   Ich werbe geworben seyn, je serai devenu[1].

CONDITIONNEL.

Ich würbe werben, je deviendrais. Ich würbe geworben seyn[1], je serais devenu.

Emploi des verbes auxiliaires.

1° Le verbe seyn sert à former ses propres temps passés et ceux des verbes neutres qui marquent mouvement.

1. On a pu remarquer que le participe passé des trois verbes auxiliaires est précédé de la particule ge. Ce préfixe, qui correspond au latin *cum* ou *co*, s'adapte également à tous les verbes allemands, quand ils n'ont pas d'autre préfixe inséparable.

2° Le verbe f
et ceux des verb
un état.
Le verb… rf
et les futur. et

wir loben,   wir loben,
ihr lobet,   ihr lobet,
fie loben.   fie loben.

PRÉTÉRIT.

Indicatif.   *Subjonctif.*

Ich lobte [1], je louai ou je louais.   Ich lobte, que je louasse
du lobteſt,   du lobteſt,
er lobte,   er lobte,
wir lobten,   wir lobten,
ihr lobtet,   ihr lobtet,
fie lobten.   fie lobten.

IMPÉRATIF.

Lobe, loue,
Lobe er, qu'il loue,
Loben wir, louons,
Lobet, louez,
loben fie, qu'ils louent.

PARFAIT.

Ich habe gelobt, j'ai loué.   Ich habe gelobt, que j'aie loué.

PLUS-QUE-PARFAIT.

Ich hatte gelobt, j'avais loué.   Ich hätte gelobt, que j'eusse loué.

FUTUR.

Ich werde loben, je louerai.   Ich werde gelobt haben, j'aurai loué.

CONDITIONNEL.

Ich würde loben, je louerais.   Ich würde gelobt haben, j'aurais loué

Remarques.

Quand l'euphonie le demande, on fait précéder d'un *e* les
terminaisons du prétérit, ainsi que celles du présent en t
ou ſt. Pour les verbes dont la racine se termine en d ou t,
cet *e* est de rigueur.

1. Cette syllabe te du prétérit n'est qu'une abréviation du verbe thue,
that, je fais, je fis; mot à mot : je fis l'action de louer.

Les verbes en eln et ern rejettent tantôt l'e qui précède l et r, tantôt l'e des désinences. Ex. : lächeln, sourire; présent : ich lächle: prétérit : ich lächelte.

Dans la forme négative directe de l'allemand, le mot nicht suit le verbe comme pas, en français : ich lobe nicht, je ne loue pas. Mais, dans la forme subordonnée, il le précède : que je ne loue pas, daß ich nicht lobe.

CONJUGAISON FORTE [1].

Les verbes primitifs ou forts de la langue allemande, appelés communément irréguliers, modifient toujours leur voyelle au prétérit de l'indicatif sans ajouter de terminaison; au participe passé ils la modifient quelquefois.

Le prétérit du subjonctif se forme généralement en adoucissant la voyelle du prétérit de l'indicatif, et en ajoutant e.

Ces verbes modifient quelquefois leur voyelle à la deuxième et troisième personne singulier du présent de l'indicatif, et changent alors a en ä; e en i ou ie. Ce dernier changement s'applique également à l'impératif.

Singen, chanter.

INFINITIF ET PARTICIPES.

Singen, chanter.
Singend, chantant.
Gesungen, chanté.
Gesungen haben, avoir chanté.

PRÉSENT.

Indicatif.	*Subjonctif.*
Ich singe, je chante.	Ich singe, que je chante.
du singst,	du singest,
er singt,	er singe,
wir singen,	wir singen,
ihr singet,	ihr singet,
sie singen.	sie singen.

1. *Versions allemandes*, XXIII à XXX. La liste complète des verbes forts se trouve à la fin de cette Grammaire.

PRÉTÉRIT.

Ich fang, je chantai ou je chantais.	Ich fänge, que je chantasse
du fangst,	du fängest,
er fang,	er fänge,
wir fangen,	wir fängen,
ihr fanget,	ihr fänget,
sie fangen.	sie fängen.

IMPÉRATIF.

Singe, chante,
Singet, chantez.

PARFAIT.

Indicatif.   *Subjonctif.*

Ich habe gesungen, j'ai chanté.   Ich habe gesungen, que j'aie chanté.

PLUS-QUE-PARFAIT.

Ich hatte gesungen, j'avais chanté.   Ich hätte gesungen, que j'eusse chanté.

FUTUR.

Ich werde singen, je chanterai.   Ich werte gesungen haben, j'aurai chanté.

CONDITIONNEL.

Ich würde singen je chanterais. Ich würde gesungen haben, j'aurais chanté.

VERBES PASSIFS[1].

La conjugaison des verbes passifs n'est autre chose que celle du verbe werden dans tous ses temps, auxquels on ajoute le participe passé d'un verbe actif. Toutefois dans ce cas le participe passé de werden est abrégé en worden. Ex. : gelobt werden, être loué ; présent : ich werde gelobt, je suis loué ; parfait : ich bin gelobt worden, j'ai été loué.

VERBES RÉFLÉCHIS.

Le verbe réfléchi se conjugue avec l'auxiliaire haben ; le pronom complément se met après le verbe dans les temps sim-

---

1. *Versions allemandes*, X, XI, XIV, XV.

ples et après l'auxiliaire dans les temps composés des modes personnels. Ex. : Sich freuen, se réjouir; présent : ich freue mich, je me réjouis; parfait : ich habe mich gefreut, je me suis réjoui.

Le verbe unipersonnel ne s'emploie qu'à la troisième personne du singulier avec le pronom es : es regnet, il pleut.

VERBES COMPOSÉS.

Les verbes allemands peuvent être précédés à l'infinitif d'un préfixe inséparable tels que be, ge, emp, ent, er, ver, zer, miß; ou d'une particule séparable, préposition ou adverbe, telles que ab, an, auf, voll, um, weg, etc [1].

Dans le premier cas, le préfixe reste adhérent au verbe à tous les temps et le participe passé ne prend pas l'adjonction de ge.

Les verbes composés avec une particule séparable la rejettent à la fin de la phrase dans les temps simples, lorsque la phrase a la construction directe; mais ils la replacent en tête dans la construction indirecte. Au participe passé ils intercalent le préfixe ge entre la particule et le verbe, ainsi que zu au gérondif [2].

Exemple.

Abschreiben, **copier**.

INFINITIF ET PARTICIPES.

Abschreiben, copier.
Abzuschreiben, à copier.
Abschreibend, copiant.
Abgeschrieben, copié.

PRÉSENT.

Indicatif.	*Subionctif.*
Ich schreibe ab, je copie.	[Daß ich abschreibe, que je copie.

1. Quelques-unes cependant peuvent devenir inséparables.
2. *Versions allemandes*, XII, XIII, XIV, XVI.

PRÉTÉRIT.

Ich schrieb ab, je copiai ou je copiais.   Daß ich abschriebe, que je copiasse.

IMPÉRATIF.

Schreibe ab, copie.
Schreibt ab, copiez.

PARFAIT.

Indicatif,   *Subjonctif.*

Ich habe abgeschrieben, j'ai copié. Daß ich abgeschrieben habe, que j'aie copié.

PLUS-QUE-PARFAIT.

Ich hatte abgeschrieben, j'avais copié. Daß ich abgeschrieben hätte, que j'eusse
copié.

FUTUR.

Ich werde abschreiben, je copierai.   Ich werde abgeschrieben haben, j'aurai
copié.

CONDITIONNEL.

Ich würde abschreiben, je copierais.   Ich würde abgeschrieben haben, j'aurais
copié.

————

PRÉFIXES ET PRÉPOSITIONS[1].

Les préfixes inséparables en allemand sont ceux que nous
avons mentionnés pour les verbes, plus un, ur, erz, marquant négation, antériorité, dans les noms.

Les prépositions séparables, qui diversifient si heureusement le sens des verbes, régissent divers cas devant les
noms.

Régissent l'accusatif : durch, par; für, pour; gegen, contre;
ohne, sonder, sans; um, pour, autour de; wider,
contre; — entlang, le long de[1].

Régissent le datif : aus, de, par; außer, hors de; bei, près
de; mit, avec; nebst, sammt, ensemble; nach,

1. Voir *Versions allemandes*, XXXI, XXXII, XXXIII, XXXIV.

après; nächſt, auprès; ob, à cause de; ſeit, depuis; von, de : zu, à, vers; — binnen, dans l'espace de; gemäß, selon; entgegen, au-devant; zu=
folge, suivant; zuwider, contrairement.

Régissent le datif avec repos et l'accusatif avec mouvement :
an, à, devant; auf, sur; hinter, derrière; in, dans;
neben, à côté de; über, au-dessus; unter, sous;
vor, devant, avant; zwiſchen, entre [1].

Régissent le génitif, les prépositions et les locutions préposi-
tives formées de substantifs, telles que, kraft, en
vertu de, ſtatt, au lieu de, wegen, à cause de, etc.

ADVERBES ET CONJONCTIONS [2].

On comprend sous le nom d'adverbes plusieurs classes de
mots qu'il ne faut pas confondre.

1º Les adverbes qualificatifs, identiques aux adjectifs de
même nature, comme gut, bien ; ſchlecht, mal.

2º Les adverbes affirmatifs, négatifs, déterminatifs, comme
ja, oui, nein, non, nicht, pas, ſo, ainsi, zu, trop, nun, maintenant, bald, bientôt, nie, jamais, etc.

3º Les adverbes prépositifs ab, de, ein, dedans, fort, en
avant, nieder, en bas, weg, au loin, zurück, en arrière.

4º Les adverbes pronominaux de lieu, de temps et de manière, qui se forment de divers pronoms :

Du personnel er, lui, viennent, hier, ici, her, vers ici, hin,
vers là ; et des composés : herein, hinein, heraus, hinaus, herab,
hinab, etc.

Du démonstataif der, le, viennent da, dar, ici, devant,
dort, là-bas, dann, alors, et les composés dabei, daran, darauf,
damit, etc.

Du relatif wer, qui, viennent wo, où, wie, comment, wann,
quand; et les composés : womit, wozu, worin, warum, etc.

---

1. Plusieurs de ces mots absorbent l'initiale de l'article auquel il sont
joints. Ex. : fürs, pour für das; zur, pour zu der; am, pour an dem; procédé analogue à celui du français : du, pour de le, au, pour à le, etc.

2. Voir *Versions allemandes*, de XXXV, XXXVI.

Les conjonctions peuvent être soit copulatives, comme und, et, auch, aussi; soit corrélatives, comme daß, que, denn, car, wenn, si, oder; ou, soit proportionnelles, comme so, ainsi, als, que, etc.

DÉRIVATION ET COMPOSITION.

La langue allemande comprend des racines, des radicaux, des mots dérivés et des mots composés.

Les racines sont les monosyllabes primitifs.

Les radicaux résultent d'un changement de voyelle ou de consonne dans les racines.

Les mots dérivés se forment au moyen de préfixes et de suffixes; c'est-à-dire de particules placées devant ou derrière les mots auxquels on les unit.

Nous avons énuméré les préfixes des verbes.

Les principaux suffixes qui servent à former des substantifs sont [1] :

E, ei, er, el, in, ing, chen, heit, keit, lein, ling, niß, sal, chaft, thum, ung.

Ceux qui servent à former des adjectifs sont :

Bar, en, ern, haft, icht, ig, isch, lich, los, sam, voll, wärts.

Certains autres s'appliquent aussi aux verbes.

Les mots composés sont ceux qui sont formés de deux ou de plusieurs autres mots. L'allemand possède une facilité merveilleuse de composition qu'on ne peut comparer qu'à celle du grec.

Tout substantif composé est formé au moins de deux mots, dont le dernier est presque toujours un substantif; le premier mot est généralement un adjectif, un verbe ou une particule. Ex. :

----

1. Voir, pour les exemples, nos *Racines allemandes*, chap. V et VI.

1° Der Buchbinder, le relieur, composé de Buch, livre, et de Binder, celui qui relie.

2° Der Edelknecht, l'écuyer, formé de edel, noble, et de Knecht, valet.

3° Die Schwindsucht, la phthisie, de schwinden, dépérir, et de Sucht, maladie.

4° Der Zufall, le hasard, de zu, vers, et de Fall, chûte.

L'adjectif composé est généralement formé de :

1° Deux adjectifs : dunkelgrün, vert foncé, de dunkel, foncé, grün, vert.

2° D'un substantif et d'un adjectif : machtlos, impuissant, de Macht, puissance, et los, privé de ; Geheimnißvoll, mystérieux, de Geheimniß, mystère, et voll, plein.

3° D'une particule et d'un adjectif, aufrichtig, sincère, de auf, debout et richtig, droit.

Le verbe composé est généralement formé :

1° D'une particule et d'un verbe : abschreiben, copier, de ab, qui marque séparation, et de schreiben, écrire ; wegführen, emmener, de weg, qui marque éloignement, et de führen, conduire.

2° D'un adjectif et d'un verbe : wahrsagen, prédire, de wahr, vrai, sagen, dire ; vollbringen, accomplir, de voll, et bringen, amener.

3° D'un substantif et d'un verbe : handhaben, manier, de Hand, main et haben, avoir.

RÈGLES DE CONSTRUCTION [1].

Construction directe.

	1° Sujet.	2° Verbe.	3° Attribut ou compléments.
Ex. :	Der Schüler	ist	fleißig.
	L'élève	est	appliqué.
	Der Schüler	macht	eine Aufgabe.
	L'élève	fait	un thème.

S'il y a un participe ou un infinitif, on le rejette à la fin ; il en est de même des particules séparables.

1. *Versions allemandes* XXXVI.

Ex. :	Der Schüler	hat	eine Aufgabe gemacht.
	L'élève	a	fait un devoir.
	Der Schüler	wird	eine Aufgabe machen.
	L'élève	fera	un devoir.
	Das Kind	macht	die Thür auf.
	L'enfant	ouvre	la porte.

Incidente.

Quand à l'ordre des termes qui suivent le verbe, il est difficile de l'indiquer d'une manière absolue ; cependant, on peut dire que les termes circonstantiels se suivent généralement dans l'ordre de leur importance et les termes de temporalité précèdent d'ordinaire les autres compléments : la proposition suivante peut servir de modèle :

Der Schüler hat mir heute eine Aufgabe von sechs Seiten gemacht.
L'élève m'a fait aujourd'hui un thème de six pages.

Rejet.

Dans la proposition subordonnée on rejette à la fin le verbe à un temps simple ou l'auxiliaire. Cette construction porte le nom de rejet.

Ex. : Die Aufgabe, welche der Schüler gemacht hat.

Dans ce cas, la proposition subordonnée commence par un pronom relatif, un adverbe pronominal ou une conjonction subordonnante.

Inversion.

L'inversion consiste à mettre le sujet après le verbe, en supprimant le pronom français. Elle a surtout lieu pour les propositions interrogatives.

Ex. : Macht der Schüler seine Aufgabe?
L'élève fait-il son devoir ?

Il arrive souvent que l'on met au commencement de la proposition principale un terme circonstanciel sur lequel on veut attirer l'attention ; dans ce cas il y a inversion, c'est--dire que le sujet est placé après le verbe. Ex. :

Geſtern hat er eine Aufgabe gemacht.
C'est hier qu'il a fait un devoir.
Mit der Feder ſchreibt der Schüler die Aufgabe.
C'est avec la plume que l'élève écrit le devoir.

Il y a encore inversion dans la proposition principale, lorsque celle-ci est placé après, la proposition subordonnée. Ex.:

Wenn der Schüler Zeit hätte, ſo würde er eine Aufgabe machen.
Si l'élève avait le temps il ferait un devoir.

Il y a également inversion dans les propositions intercalées. Ex. :

Dein Vater, ſagt man, will ein Haus kaufen.
Ton père, dit-on, veut acheter une maison.

La proposition subordonnée ne peut avoir la constructiou directe ou l'inversion, que quand on supprime daß ou wenn au commencement. Ex. :

Ich glaube, es wird morgen regnen.
Je crois qu'il pleuvra demain.
Er ſagt, geſtern ſei die Schlacht geliefert worden.
Il dit qu'on a livré la bataille hier [1].

---

1. Ces principes généraux sont conformes à ceux exposés par M. Charles dans sa Grammaire.

LISTE ALPHAPHETIQUE

DES

VERBES FORTS OU IRRÉGULIERS

☞ Le Tableau de ces mêmes verbes classés par séries se trouve dans nos **Racines allemandes**, p. 40 à 47. Les verbes marqués ici d'un astérique changent, à la 2ᵉ et 3e personne de l'indicatif présent, la voyelle a en ä, la voyelle e en i ou ie; ou se modifient autrement. La lettre ſ à la suite du participe indique que le verbe se conjugue avec ſeyn au lieu de haben.

INFINITIF.	PRÉTÉRIT.	PARTICIPE.	
Backen*,	cuire au four.	buck.	gebacken.
Befehlen*,	ordonner.	befahl.	befohlen.
Befleißen,	s'appliquer.	befliß.	befliſſen.
Beginnen,	commencer.	begann.	begonnen.
Beißen,	mordre.	biß.	gebiſſen.
Bellen,	aboyer.	boll.	gebollen.
Bergen*,	cacher.	barg.	geborgen.
Berſten*,	crever.	barſt.	geborſten, ſ.
Bewegen,	induire.	bewog.	bewogen.
Biegen,	courber.	bog.	gebogen.
Bieten,	offrir.	bot.	geboten.
Binden,	lier.	band.	gebunden.
Bitten,	prier.	bat.	gebeten.
Blaſen*,	souffler.	blies.	geblaſen.
Bleiben,	rester.	blieb.	geblieben, ſ.
Braten*,	rôtir.	briet.	gebraten.
Brechen*,	rompre.	brach.	gebrochen.
Brennen,	brûler.	brannte.	gebrannt.
Bringen,	apporter.	brachte.	gebracht.
Denken,	penser.	dachte.	gedacht.
Dingen,	prendre à gages.	dung.	gedungen.
Dreſchen*,	battre le blé.	droſch.	gedroſchen.
Dringen,	presser.	drang.	gedrungen, ſ.

INFINITF.		PRÉTÉRIT.	PARTICIPE.
Dürfen,	être permis.	durfte.	gedurft.
Empfangen*,	recevoir.	empfing.	empfangen.
Empfehlen*,	recommander.	empfahl.	empfohlen.
Empfinden,	ressentir.	empfand.	empfunden.
Erbleichen,	pâlir.	erblich.	erblichen, f.
Erkiesen,	choisir.	erkor.	erkoren.
Erlöschen*,	s'éteindre.	erlosch.?	erloschen, f.
Erschallen,	retentir.	erscholl.	erschollen, f.
Erschrecken*,	s'effrayer.	erschrak.	erschrocken, f.
Erwägen,	considérer.	erwog.	erwogen.
Essen**,	manger.	aß.	gegessen.
Fahren*,	aller en voiture.	fuhr.	gefahren, f.
Fallen*,	tomber.	fiel.	gefallen, f.
Fangen*,	prendre.	fing	gefangen.
Fechten*,	combattre.	focht.	gefochten.
Finden,	trouver.	fand.	gefunden.
Flechten*,	tresser.	flocht.	geflochten.
Fliegen.	voler.	flog.	geflogen, f.
Fliehen,	fuir.	floh.	geflohen, f.
Fließen,	couler.	floß.	geflossen, f.
Fragen*,	demander.	(frug).	gefragt.
Fressen*,	dévorer.	fraß.	gefressen.
Frieren	geler.	fror.	gefroren.
Gähren,	fermenter.	gohr.	gegohren.
Gebären*,	enfanter.	gebar.	geboren.
Geben*,	donner.	gab.	gegeben.
Gebieten,	commander.	gebot.	geboten.
Gedeihen,	prospérer.	gedieh.	gediehen, f.
Gefallen*,	plaire.	gefiel.	gefallen.
Gehen,	aller.	ging.	gegangen, f.
Gelingen,	réussir.	gelang.	gelungen, f.
Gelten*,	valoir.	galt.	gegolten.
Genesen,	guérir.	genas.	genesen, f.
Genießen,	jouir.	genoß.	genossen.
Gerathen*,	réussir.	gerieth.	gerathen, f.
Gerinnen,	se coaguler.	gerann.	geronnen, f.
Geschehen*,	advenir.	geschah.	geschehen, f.
Gewinnen.	gagner.	gewann.	gewonnen.
Gießen,	verser,	goß.	gegossen.
Gleichen,	ressembler.	glich.	geglichen.
Gleiten,	glisser.	glitt.	geglitten, f.
Glimmen,	bruler sans flamme.	glomm.	geglommen.

INFINITIF.	PRÉTÉRIT.	PARTICIPE.
Graben*,	creuser.	grub.	gegraben.
Greifen,	saisir.	griff.	gegriffen.
Haben*,	avoir.	hatte,	gehabt.
Halten*,	tenir.	hielt.	gehalten.
Hangen*,	pendre.	hing.	gehangen.
Hauen,	hacher.	hieb.	gehauen.
Heben,	lever.	hub.	gehoben.
Heißen,	s'appeler.	hieß.	geheißen.
Helfen*,	aider.	half.	geholfen.
Keifen,	criailler.	kiff.	gekiffen.
Kennen,	connaître.	kannte.	gekannt.
Klimmen,	grimper.	klomm.	geklommen. f.
Klingen,	sonner.	klang.	geklungen.
Kneifen,	pincer.	kniff.	gekniffen.
Kommen,	venir.	kam.	gekommen, f.
Können,	pouvoir.	konnte.	gekonnt.
Kreischen,	crier.	krisch.	gekrischen.
Kriechen,	ramper.	kroch.	gekrochen, f.
Laden*,	charger.	lub.	geladen.
Lassen*,	laisser.	ließ.	gelassen, f.
Laufen*,	courir.	lief.	gelaufen, f.
Leiden,	souffrir.	litt.	gelitten.
Leihen,	prêter.	lieh.	geliehen.
Lesen*,	lire, cueillir.	las.	gelesen.
Liegen,	être couché.	lag.	gelegen, f.
Lügen,	mentir.	log.	gelogen.
Meiden,	éviter.	mieb.	gemieden.
Melken*,	traire.	molk.	gemolken.
Messen*,	mesurer.	maß.	gemessen.
Mögen*,	aimer à.	mochte.	gemocht.
Müssen,	falloir.	mußte.	gemußt.
Nehmen*,	prendre.	nahm.	genommen.
Nennen,	nommer.	nannte.	genannt.
Pfeifen,	siffler.	pfiff.	gepfiffen.
Pflegen*,	entretenir.	pflog.	gepflogen.
Preisen,	louer.	pries.	gepriesen.
Quellen*,	sourdre.	quoll.	gequollen, f.
Rächen,	venger.	roch.	gerochen.
Rathen*,	conseiller.	rieth.	gerathen.
Reiben,	frotter.	rieb.	gerieben.
Reißen,	arracher	riß.	gerissen.
Reiten,	chevaucher.	ritt.	geritten, f.]

INFINITIF.	PRÉTÉRIT.		PARTICIPE.
Rennen,	courir.	rannte.	gerannt, f.
Riechen,	sentir,	roch.	gerochen
Ringen,	lutter.	rang.	gerungen.
Rinnen,	couler.	rann.	geronnen.
Rufen,	appeler.	rief.	gerufen.
Saufen*,	boire avidement.	soff.	gesoffen.
Saugen,	sucer.	sog.	gesogen.
Schaffen*,	créer.	schuf.	geschaffen.
Scheiden,	séparer.	schied.	geschieden.
Scheinen,	sembler.	schien.	geschienen.
Schelten*,	gronder.	schalt.	gescholten.
Scheren*,	tondre.	schor.	geschoren.
Schieben,	pousser.	schob.	geschoben.
Schießen,	lancer, tirer.	schoß.	geschossen.
Schinden,	écorcher.	schund.	geschunden.
Schlafen*,	dormir.	schlief.	geschlafen.
Schlagen*,	battre.	schlug.	geschlagen.
Schleichen,	se glisser.	schlich.	geschlichen, f.
Schleifen*,	aiguiser.	schliff.	geschliffen.
Schleißen,	fendre.	schliß.	geschlissen.
Schließen,	ermer.	schloß.	geschlossen.
Schlingen,	enlacer.	schlang.	geschlungen.
Schmeißen,	jeter.	schmiß.	geschmissen.
Schmelzen*,	se fondre.	schmolz.	geschmolzen.
Schnauben,	haleter.	schnob.	geschnoben.
Schneiden,	couper.	schnitt.	geschnitten.
Schrauben,	visser.	schrob.	geschroben.
Schreiben,	écrire.	schrieb.	geschrieben.
Schreien,	crier.	schrie.	geschrieen.
Schreiten,	marcher.	schritt.	geschritten, f.
Schwären,	suppurer.	schwor.	geschworen.
Schweigen,	se taire.	schwieg.	geschwiegen.
Schwellen*,	s'enfler.	schwoll.	geschwollen, f.
Schwimmen,	nager.	schwamm	geschwommen, f.
Schwinden,	disparaître.	schwand.	geschwunden, f.
Schwingen,	brandir.	schwang.	geschwungen.
Schwören,	jurer.	schwur.	geschworen.
Sehen*,	voir.	sah.	gesehen.
Senden,	envoyer.	sandte.	gesandt.
Sieden,	bouillir.	sott.	gesotten.
Singen,	chanter.	sang.	gesungen.
Sinken,	s'enfoncer.	sank.	gesunken, f.

INFINITIF.	PRÉTÉRIT.		PARTICIPE.
Sinnen,	méditer.	sann.	gesonnen.
Sitzen,	être assis.	saß.	gesessen, s.
Sollen*,	devoir.	sollte,	gesollt.
Speien,	cracher.	spie.	gespieen.
Spinnen,	filer.	spann.	gesponnen.
Spleißen,	fendre.	spliß,	gesplissen.
Sprechen*,	parler.	sprach.	gesprochen.
Sprießen,	bourgeonner.	sproß.	gesprossen, s.
Springen,	sauter.	sprang.	gesprungen, s.
Stechen*,	piquer.	stach.	gestochen.
Stecken*,	être fiché.	stak.	gesteckt.
Stehen,	se tenir (debout).	stand.	gestanden, s.
Stehlen*,	dérober.	stahl.	gestohlen.
Steigen,	monter.	stieg.	gestiegen, s.
Sterben*,	mourir.	starb.	gestorben, s.
Stieben,	tomber en poussière.	stob.	gestoben, s.
Stinken,	puer.	stank.	gestunken.
Stoßen*,	heurter.	stieß.	gestoßen.
Streichen,	frotter.	strich.	gestrichen.
Streiten,	lutter.	stritt.	gestritten.
Thun,	faire.	that.	gethan.
Tragen*,	porter.	trug.	getragen.
Treffen*,	atteindre.	traf.	getroffen.
Treiben,	pousser en avant.	trieb.	getrieben.
Treten,	marcher.	trat.	getreten, s.
Triefen,	dégoutter.	troff.	(getroffen).
Trinken,	boire.	trank.	getrunken.
Trügen,	tromper.	trog.	getrogen.
Verderben*,	se gâter.	verdarb.	verdorben, s.
Verdrießen,	chagriner.	verdroß.	verdrossen.
Vergessen*,	oublier.	vergaß.	vergessen.
Verlieren,	perdre.	verlor.	verloren.
Verwirren,	embrouiller.	verworr,	verworren.
Wachsen,	croître.	wuchs.	gewachsen, s.
Waschen,	laver.	wusch.	gewaschen.
Weben,	tisser.	wob.	gewoben.
Weichen,	céder.	wich.	gewichen, s.
Weisen,	montrer.	wies.	gewiesen.
Wenden,	tourner.	wandte.	gewandt.
Werben*,	enrôler.	warb.	geworben.
Werden*,	devenir.	warb.	geworden.
Werfen*,	jeter.	warf.	geworfen.

INFINITIF.	PRÉTÉRIT.	PARTICIPE.	
Wiegen,	peser.	wog.	gewogen.
Winden,	tordre.	wand.	gewunden.
Wissen,	savoir.	wußte.	gewußt.
Wollen *,	vouloir.	wollte.	gewollt.
Zeihen,	accuser.	zieh.	geziehen.
Ziehen.	tirer.	zog.	gezogen,]
Zwingen,	forcer.	zwang.	gezwungen.

PARIS. — IMP. VICTOR GOUPY, RUE GARANCIÈRE, 5.

COURS

DE THÈMES ALLEMANDS

(EXERCICES DE TRADUCTION DE FRANÇAIS EN ALLEMAND)

TABLE DES THÈMES

I. — PHRASES SIMPLES.

II. — ANECDOTES, RÉCITS, NARRATIONS.

III. — PORTRAITS, TABLEAUX, DÉFINITIONS.

IV. — LETTRES ET DIALOGUES.

FIN DE LA TABLE.

EXERCICES DE TRADUCTION
DE FRANÇAIS EN ALLEMAND.

I

PHRASES SIMPLES.

SUBSTANTIFS. — DÉCLINAISON FORTE.

I

NOMS MASCULINS, GÉN. (e)s, PLUR. e, AVEC INFLEXION.

Suppression de l'e dans les terminaisons en el, er, en, em, lein.

**Verbes de la conjugaison faible, régulière,
au présent et au prétérit.**

Construction simple.

1. Le père loue[1] volontiers[2] ses fils.

2. La violence de cette tempête fouetta les vagues et chassa[3] nos nacelles.

3. Les passagers redoutaient[4] la mort et priaient[5] Dieu.

4. Les selles de ces cavaliers brillaient[6] de[7] pourpre et d'or.

5. Mon chien disperse[8] les loups.

1. Louer : loben. — 2. Volontiers : gern. — 3. Chasser : jagen. —
4. Redouter : fürchten. — 5. Prier : beten, avec zu et le datif. —
6. Briller, prangen. — 7. De : vor, datif. — 8. Disperser : zerstreuen.

6. Les frères de ce guerrier [9] luttaient [10] bravement [11].

7. Nos amis montrèrent (du) courage [12].

8. Les lettres de ton beau-frère révèlent [13] son cœur [14].

9. Les salutations [15] de nos amis ranimèrent [16] notre espoir.

10. Tu creuses le tronc d'un arbre ; moi (je) coupe [17] ces branches [18] : elles alimentent [19] ensuite mon foyer [20].

11. Le zèle [21] du citoyen enrichit [22] l'État [23].

12. Le fils accompagne [24] sa mère et le père sa fille.

II

NOMS MASCULINS, GÉN. (e)s, PLUR. e, SANS INFLEXION.

1. Les jours sont longs en été.

2. Ces poignards occasionnaient [1] la mort [2] à la moindre piqûre.

3. Le goût [3] de ces saumons [4], de ces perches et de ces anguilles était délicieux [5] ; leur chair [6] était ferme.

4. Ce territoire [7] était peuplé [8] de [9] chiens, de blaireaux, de lapins [10] et de renards [11].

— 9. Guerrier : Krieger. — 10. Lutter (combattre) : kämpfen. — 11. Bravement : tapfer. — 12. Courage : der Muth. — 13. Révéler : verkünden. — 14. Le cœur : das Herz. — 15. Salutation : der Gruß. — 16. Ranimer : beleben. — 17. Couper, rogner, émonder : stutzen. — 18. La branche : der Ast. — 19. Alimenter : nähren. — 20. Le foyer : der Heerd; mais traduisez par feu : das Feuer. — 21. Le zèle : der Eifer. — 22. Enrichir : bereichern. — 23. L'État : der Staat. — 24. Accompagner : begleiten.

1. Occasionner : verursachen. — 2. La mort : der Tod. — 3. Le goût : der Geschmack. — 4. Saumon : der Lachs. — 5. Délicieux : köstlich. — 6. La chair : das Fleisch. — 7. Territoire : das Gebiet. — 8. Peupler : bevölkern. — 9. De : mit, datif. — 10. Lapin : das Kaninchen. — 11. Re-

5. Nos autruches couvaient de gros œufs[12]; elles dédaignaient la course et gardaient[13] la maison.

6. L'erreur[14] est impossible[15] dans[16] les sentiers de la vertu : la chute[17] est certaine[18] dans ceux du vice[19].

7. Les aigles construisent leur nid sur la cime des montagnes[20] : ils le remplissent[21] tous les jours de leur proie.

8. Achète ici (des) souliers : cette chaussure[22] est simple, commode et à bon marché[23].

9. Cet enfant gémit et soupire depuis[24] plusieurs jours. Conduisez-le auprès[25] de ses amis.

10. Nous considérâmes les sabots de ces chevaux. Ils étaient solidement ferrés et encore intacts[26].

11. Les étoffes de ce marchand sont très-belles; nous en achetâmes hier pour (des) robes[27] et (des) redingotes[28].

12. Les tiges de ces blés[29] sont très-hautes[30].

13. Nos pupitres préservent nos cahiers[31] et nos livres[32].

14. Nous entendions[33] les sons de la lyre[34] et de la flûte[35].

nard : ber Fuchs. — 12. L'œuf : bas Ei, pl. Eier. — 13. Garder : hüten. — 14. Erreur : ber Irrthum. — 15. Impossible : unmöglich. — 16. Dans : auf, datif. — 17. Chute : ber Fall. — 18. Certain : gewiß. — 19. Vice : bas Laster. — 20. Montagne : ber Berg. — 21. Remplir : füllen. — 22. Chaussure : bie Fußbekleibung. — 23. Bon marché : wohlfeil. — 24. Depuis : feit, datif. — 25. Auprès : zu, datif. — 26. Intact : unverfehrt. — 27. Robe : bas Kleib. — 28. Redingote : ber Rock. — 29. Le blé : bas Getreibe, pas de pl. — 30. Haut : hoch. — 31. Le cahier : bas Heft, pl. Hefte. — 32. Le livre : bas Buch, pl. Bücher. — 33. Entendre : hören. — 34. La lyre : bie Leier. — 35. La flûte : bie Flöte.

III

NOMS MASCULINS, GÉN. (e)s, PLUR. er, AVEC INFLEXION.

1. Ces hommes sont braves et généreux[1]

2. Les poëtes de Rome et d'Athènes célébraient les dieux avec reconnaissance[2].

3. Les livres sont la proie des vers; mais les auteurs vivent après[3] leur mort.

4. On apercevait dans[4] les forêts, sur les cimes[5] des arbres quelques oiseaux.

5. Les lisières des forêts bordaient[6] les fleuves et les marais[7] de ce district[8].

6. Les scélérats trempèrent[9] leurs mains[10] dans le sang[11] de leurs victimes[12].

7. J'aime les tuteurs de ton frère et de ton cousin : ils sont bons et honnêtes[13].

8. Pleurez[14] sur les erreurs de cet ami : ses richesses le rendaient[15] trop[16] orgueilleux[17].

9. On bâtit dans plusieurs localités des palais[18] et des tours[19].

10. Les esprits visitent[20] de nuit[21] cette maison[22].

11. Ces hommes montrèrent[23] vraiment[24] du cœur.

12. Nos corps sont périssables[25] et nos âmes immortelles.

---

1. Homme : Mann, généreux : edelmüthig. — 2. Avec reconnaissance : mit Dank. — 3. Après : nach. — 4. Dans : in, dat. — 5. La cime : der Gipfel. — 6. Border : besäumen. — 7. Marais : der Sumpf — 8. District : der Bezirk. — 9. Tremper : tauchen. — 10. Les mains : die Hände. — 11. Le sang : das Blut. — 12. Victime : das Opfer. — 13. Honnête : ehrlich. — 14. Pleurer : weinen. — 15. Rendre : machen. — 16. Trop : zu. — 17. Orgueilleux : stolz. — 18. Le palais : der Pallast. — 19. La tour : der Thurm. — 20. Visiter : besuchen. — 21. De nuit : nachts. — 22. La maison : das Haus. — 23. Montrer : zeigen. — 24. Vraiment : wahrlich. — 25. Périssable : vergänglich.

IV

NOMS NEUTRES, GÉN. (e)s, PLUR. e, SANS INFLEXION.

(Sauf quatre exceptions.)

1. Devant les portes de la ville dansaient[1] des bohémiens[2], et la foule[3] les admirait[4].

2. Les chaloupes des pêcheurs[5] sillonnaient[6] les flots; elles étaient légères[7] et bravaient[8] les tempêtes[9].

3. Les cheveux ornent[10] la tête; l'âge et le chagrin la courbent[11] et la privent[12] de son ornement.

4. Économise[13] dans les années de prospérité pour les jours du malheur et de la vieillesse.

5. On forme[14] déjà des couples pour la[15] danse, nos jambes réclament[16] cet exercice; mais il est moins utile qu'agréable.

6. Les chœurs de cet opéra[17] sont excellents; on les entend toujours avec plaisir[18]; ce sont des chefs-d'œuvre[19].

7. Le vent agite[20] les câbles de ce navire; mais ils sont forts : touche-les[21] avec la main.

8. On fait (des) radeaux avec (des) planches[22] et des

---

1. Danser : tanzen. — 2. Bohémien : der Zigeuner. — 3. La foule : die Menge. — 4. Admirer : bewundern. — 5. Pêcheur : der Fischer. — 6. Sillonner : furchen; flot : die Fluth. — 7. Léger : leicht. — 8. Braver : trotzen, datif. — 9. Tempête : der Sturm. — 10. Orner : schmücken. — 11. Courber : beugen. — 12. Priver : berauben. — 13. Économiser : sparen. — 14. Former : bilden. — 15. Pour la : zum. — 16. Réclamer : verlangen. — 17. Opéra : die Oper. — 18. Plaisir : das Vergnügen. — 19. Chef-d'œuvre : das Meisterwerk. — 20. Agiter : bewegen. — 21. Toucher : berühren. — 22. Planche : das Brett, pluriel, Bretter. —

troncs d'arbre. Ce genre [23] (d)'embarcations [24] n'est pas commode, mais très-solide.

9. Les marais de cette ville produisent [25] de la tourbe [26] en abondance [27] et sont la richesse du pays.

10. Les dix commandements [28] formaient le fond [29] de la loi [30].

V

NOMS NEUTRES, GÉN. (e)ß, PLUR. er, AVEC INFLEXION.

1. Les trous de [1] tes habits montrent ton orgueil [2] et non ta pauvreté, disait Alexandre à Diogène.

2. Achetez des livres ; ornez votre esprit ; ennoblissez [3] votre cœur, disait le maître [4] à ses élèves.

3. Le bonheur habite [5] avec la simplicité [6] dans ces maisons : on les bâtissait [7] il y a [8] deux ans à peine.

4. Les châteaux du moyen âge [9] n'étaient jamais paisibles ; (l)'ignorance [10] et (la) cupidité [11] les habitaient généralement.

5. J'aperçus bientôt les villages de mon pays ; mon cœur salua [12] leurs clochers avec ivresse [13].

6. Les flatteurs [14] vantent les rois pendant [15] leur

23. Genre : die Art. — 24. Embarcation : das Fahrzeug. — 25. Produire : liefern. — 26. Tourbe : der Torf. — 27. En abondance : reichlich. — 28. Commandement : das Gebot. — 29. Le fond : der Grund. — 30. La loi : das Gesetz.

1. De : an, datif. — 2. L'orgueil : der Stolz. — 3. Ennoblir : veredeln. — 4. Le maître : der Lehrer. — 5. Habiter : wohnen. — 6. Simplicité : Einfachheit. — 7. Bâtir : bauen. — 8. Il y a : vor, datif ; — à peine : kaum ; tournez : devant à peine 2 ans. — 9. Moyen âge : das Mittelalter. — 10. L'ignorance : die Unwissenheit. — 11. La cupidité : die Habsucht. — 12. Saluer : begrüßen. — 13. Ivresse (délice) : die Wonne. — 14. Flatteur : der Schmeichler. — 15. Pendant : während,

règne [16], mais les peuples seulement après leur mort.

7. Les roues de son char écrasèrent [17] les herbes et les plantes de la prairie ; elles tracèrent [18] ainsi leur chemin.

8. J'aperçois dans les champs les veaux et les taureaux [19] de ton voisin [20] ; ils sont gras [21] et bien portants.

9. Ces plantes sont très-vivaces : elles germent [22] sur les murs et même sur les toits.

10. Les branches [23] du savoir de l'homme sont aussi nombreuses que celles des arbres.

11. Nous clouâmes (des) planches et nous fîmes des tables.

12. Les nids [24] de ces oiseaux étaient charmants.

VI

NOMS FÉMININS, GÉN. INVARIABLE, PLUR. e, AVEC INFLEXION.

1. Les caveaux de Saint-Denis conservent [1] les cendres [2] des rois de France.

2. Les ténèbres nous enveloppaient et protégeaient [3] notre armée [4] des coups de l'ennemi, mais non des [5] fondrières.

génitif. — 16. Règne : bie Regierung. — 17. Écraser : zertralmen. — 18. Tracer : bezeichnen. — 19. Taureau : bas Rinb. — 20. Voisin : ber Nachbar. — 21. Gras : fett. — 22. Germer : feimen. — 23. Branche : ber Aft ; *au figuré*, bas Fach. — 24. Le nid : bas Neft.

1. Conserver : bewahren. — 2. La cendre : bie Afche, sing. — 3. Protéger : beschützen. — 4. Armée : bas Heer. — 5. De : vor, datif. —

3. Les deux amis conduisirent leurs fiancées à [6] l'autel, et le prêtre bénit leur union [7].

4. Nos afflictions sont le chemin du ciel : elles mènent à la gloire et au salut [8].

5. Les peaux de vaches et des veaux servent [9] au cordonnier et au sellier [10], ils en [11] font des souliers et des selles [12].

6. Les nuits sont sereines dans ce pays : la lune et les étoiles resplendissent [13] au ciel, belles comme le soleil.

7. Les arts ont besoin [14] du secours des mains; mais l'esprit seul leur donne [15] (la) vie et (la) grâce [16].

8. Les mères détestent [17] la guerre, car elle les prive [18] de leurs fils.

9. Les puissances de l'Europe remplissent le monde de [19] crainte et de respect.

10. Priez dans vos angoisses et vos misères : Dieu n'est jamais sourd à [20] la voix de ses enfants.

11. Tes paroles raniment [21] mes forces.

12. Cherche les servantes; arrangez les bancs; plumez [22] les oies; épluchez [23] cette salade; pelez [24] ces fruits et cassez [25] les noix.

---

6. à : ƺu, datif. — 7. Union : Bermählung. — 8. Salut : baß Heil. — 9. Servir : bienen. — 10. Sellier : ber Sattler. — 11. En : barauß. — 12. Selle : ber Sattel. — 13. Resplendir : glänƺen. — 14. Avoir besoin : brauchen, accus. — 15. Donner, conférer : verleihen. — 16. Grâce : bie Anmuth. — 17. Détester : verabscheuen. — 18. Priver : berauben. — 19. De : mit, dat. — 20. Sourd à : taub gegen, accus. — 21. Ranimer : beleben. — 22. Plumer : rupfen. — 23. Éplucher : klauben. — 24. Peler : schälen. — 25. Casser : klopfen .... auf.

SUBSTANTIFS. — DÉCLINAISON FAIBLE.

I

NOMS MASCULINS, GÉN. en, PLUR. en, SANS INFLEXION.

**Verbes faibles, réguliers, au parfait
et au plus-que-parfait.**

Place du participe.

1. Les Turcs avaient porté[1] la guerre chez les Russes et ceux-ci avaient combattu avec courage.

2. On nous a montré dans cette ménagerie (des) lions et des éléphants.

3. Les bœufs ont formé[2] un cercle[3] : ils ont baissé[4] leurs fronts et lancé[5] l'ours dans l'air avec leurs cornes.

4. Henri aurait loué mon neveu ; mais celui-ci avait choisi son oncle pour[6] panégyriste.

5. Les paroles[7] de ce messager auraient ému[8] mon cœur ; toutefois la colère l'agitait[9] encore trop.

6. Les badauds[10] ont toujours célébré[11] le nom des fats.

7. La faveur de ces princes et de leurs héritiers avait rendu[12] notre nom déjà célèbre : nous voulûmes mériter cet honneur.

8. Les pasteurs des âmes avaient prêché[13] la parole

---

1. Porter... chez : wälzen zu, et le dat. — 2. Former : bilden. — 3. Cercle : der Ring. — 4. Baisser : senken. — 5. Lancer : schleudern. — 6. Pour panégyriste : zum Lobredner. — 7. Les paroles : die Worte. — 8. Émouvoir : rühren. — 9. Agiter : regen. — 10. Badaud : der Maulaffe. — 11. Célébrer : feiern. — 12. Rendre (figuré) : machen. — 13. Prê-

de Dieu dans notre contrée : elle florissait[14] sous leur conduite et produisait[15] des héros.

9. Tu t'inquiètes[16] des hommes; moi (je) m'inquièterais de mon salut et de la gloire du Seigneur, notre Dieu.

10. Des fous, des insensés ont torturé[17] ce bœuf; mais celui-ci, dans sa fureur, les a foulés aux pieds[18].

11. Les matelots ont ramé[19] vigoureusement[20] sur cette mer, et ils ont conduit la barque dans une baie[21].

12. Les géants[22] ont vaincu[23] les nains[24].

II

NOMS MASCULINS ÉTRANGERS, GÉN. **en**, PLUR. **en**, SANS INFLEXION.

Verbes faibles, réguliers, au futur et au conditionnel.

Place de l'infinitif.

1. Les géographes ont décrit[1] ces contrées en détail[2].

2. Nos canons et nos soldats auraient délogé[3] les ennemis de ce poste; mais la poudre manquait[4] à nos artilleurs.

cher : predigen. — 14. Fleurir : blühen. — 15. Produire : erzeugen. — 16. S'inquiéter : sich um (accus.) kümmern. — 17. Torturer : foltern. — 18. Fouler aux pieds : mit Füßen treten; au part. p. getreten. — 19. Ramer : rudern. — 20. Vigoureusement : kräftig. — 21. Baie : die Bucht. — 22. Géant : der Riese. — 23. Vaincre : siegen über, acc. — 24. Nain : der Zwerg.

1. Décrire : beschreiben, part. passé, beschrieben. — 2. En détail : umständlich. — 3. Déloger : jagen, von et le datif. — 4. Manquer :

3. Les astronomes auront calculé[5] juste[6], je le crois, et la planète se montrera à[7] nos regards aujourd'hui.

4. Les scoliastes ont rendu aux écrivains[8] de Rome et d'Athènes plus d'un service[9], et aux savants aussi.

5. Les abonnés auraient manifesté[10] leur mécontentement; cependant le journal devint plus réservé[11] et leur colère se calma[12] bientôt.

6. Les patriarches ont mené[13] une vie nomade, comme bergers de leurs troupeaux.

7. Les philosophes recherchent[14] la vérité. Les théologiens prétendront[15] toujours à cet héritage; c'est leur droit et leur devoir.

8. Les monarques auront entendu souvent la vérité sur cette terre; elle aura brillé à[16] leurs yeux, et le Seigneur les jugera[17] d'après les actes de leur vie.

9. Les archontes avaient rendu[18] Athènes grande et prospère.

10. Nous admirons les Polonais, ils ont combattu vaillamment.

---

fehlen. Tourn. : il manquait en (an) poudre à.... — 5. Calculer : rechnen. — 6. Juste : richtig. — 7. A : vor, dat. — 8. Écrivain : der Schriftsteller. — 9. Rendre un service : einen Dienst leisten. — 10. Manifester : äußern. — 11. Réservé : behutsam. — 12. Calmer : stillen. — 13. Mener une vie nomade : ein Nomabenleben führen. — 14. Rechercher : suchen, nach et le datif. — 15. Prétendre : behaupten; à : auf, accus. — 16. Briller à : glänzen vor, et le datif. — 17. Juger : richten, über et l'accus. — 18. Rendre : machen.

III

NOMS FÉMININS, GÉN. INVARIABLE, PLUR. en, SANS INFLEXION

Verbes feyn, haben, werden.

1. On n'est pas content[1] de tes cousines, car elles ne sont pas devenues plus laborieuses pendant les vacances[2].

2. Tu as été bien prudent pour ton âge au milieu de[3] ces périls.

3. Vos boîtes et vos tiroirs deviennent vides, ainsi que vos poches; mais les pauvres sont pourvus[4] par[5] vous de vêtements.

4. Aie du courage dans l'adversité, de la modestie dans le bonheur.

5. Ces pèlerinages sont la fortune de notre pays; ils sont devenus un usage et un besoin.

6. Louise, tes compagnes auront l'amour de la vertu, et tu seras, nous l'espérons, leur modèle.

7. Les vraies dignités seront réelles pour les chrétiens, non pas dans ce monde, mais[6] dans l'autre.

8. Nos espérances sont notre foi; le Seigneur sera notre soutien dans les épreuves[7] de cette vie.

9. L'honnêteté ici-bas[8] est imparfaite comme les jugements des hommes; la religion du chrétien aspire plus haut[9].

10. Les folies de ta jeunesse deviendront le tour-

---

1. Content de : zufrieden mit. — 2. Les vacances : die Ferien. — 3. Au milieu de : mitten in, et le datif. — 4. Pourvu : versehen. — 5. Par : durch, acc. — 6. Mais : sondern. — 7. L'épreuve : die Prüfung. — 8. Ici-bas : hienieden. — 9. Aspirer plus haut : höher streben. —

ment de ta vieillesse; leurs traces seront aussi durables[10] que fâcheuses.

11. Si tu as pour règle de conduite[11] les actes et les
intentions de son père, tu seras digne de ton avenir[12].

12. Les flatteries et les honneurs sont les aliments
de la vanité; soyez fermes contre vous-mêmes, et ce
poison n'aura point d'effet[13] sur vous[14].

SUBSTANTIFS. — DÉCLINAISON MIXTE.

I

NOMS MASCULINS, GÉN. (c)ß, PLUR. en, SANS INFLEXION.

Verbes passifs.

1. Les mâts de mon navire avaient été ornés de[1]
banderoles[2] et de pavillons[3].

2. Nos lacs pouvaient[4] être pillés[5] par ces marau-
deurs, mais le garde était jour et nuit sur[6] les rives,
et rien ne fut volé[7].

3. Les ornements de ces meubles ont été sculptés[8]
avec soin.

4. Les sujets de ce roi doivent[9] être tourmentés[10]

---

10. Durable : bauerhaft. — 11. Règle de conduite : bie Richtschnur.
— 12. Avenir : bie Zukunft. — 13. Effet : bie Wirkung. — 14. Sur
vous : auf Sie.

1. Orner de : schmücken mit, datif. — 2. Banderole : ber Wimpel. —
3. Pavillon : bie Flagge. — 4. Pouvaient : fonnten de fönnen. — 5. Pil-
ler : plünbern. — 6. Sur : an, datif. — 7. Voler : rauben. — 8. Sculp-
ter : schnitzen. — 9. Doivent : müssen. — 10. Tourmenter : quälen, ou

par le remords; ils l'ont chassé naguère, ils le regrettent[11] maintenant.

5. Les aiguillons du repentir sont la seule vertu du coupable; il est châtié[12] par eux, mais il devient meilleur.

6. Tu seras ébloui par les rayons de cet astre, car il éclaire et purifie[13] les âmes.

7. Les États de ce prince ont été amoindris[14] par ses voisins, mais ils sont florissants et redoutables encore.

8. Les éperons du cavalier avaient été fourbis[15] par son domestique, et leur finesse a été louée par nos officiers.

9. Ces forêts ont été éclaircies[16] par nos pionniers et les chemins ont été tracés[17] par nos ingénieurs[18].

10. Nos paons doivent être[19] échangés[20] demain contre des faisans.

11. Les districts de l'Allemagne ont été modifiés[21] souvent selon[22] la fortune de la guerre ou le caprice des souverains.

12. Sois honoré après ta mort comme pendant ta vie; alors seulement tu pourras être[23] un grand homme.

---

foltern. — 11. Regretter : vermiffen. — 12. Châtier : ftrafen. — 13. Purifier : reinigen. — 14. Amoindrir : fchmälern. — 15. Fourbir : pußen. — 16. Éclaircir : lichten. — 17. Tracer : zeichnen. — 18. Ingénieur : Straßenbauer. — 19. Doivent : follen. — 20. Échanger : wechseln. — 21. Modifier : ändern. — 22. Selon : je nach, datif. — 23. Tu pourras être : du magft... feyn, du verbe mögen.

II

NOMS NEUTRES, GÉN. (e)s, PLUR. en, SANS INFLEXION.

Verbes passifs.

1. Tes yeux et tes oreilles ont été également trompés[1], mais tu seras guéri un jour[2] de ton erreur.

2. Les bouts[3] de ce linge seront trempés[4] dans l'eau; on les mettra ensuite à l'air, où ils sècheront[5].

3. Les substantifs, les adjectifs et les verbes auraient été choisis avec soin, mais le temps a manqué.

4. Les joyaux de cette dame avaient été achetés à Vienne.

5. Mes intérêts auraient été sauvés par cet avocat[6]; il n'était point alors à Berlin, et je fus ruiné[7].

6. Les fossiles et les minéraux sont conservés dans cet édifice; ils seront placés[8] demain sous la garde[9] de ce savant.

7. Les insectes sont piqués[10] sur des feuilles de liége[11], et chacun admire à l'envi[12] la richesse et l'éclat de leurs couleurs; car ils sont magnifiques[13].

8. Vos chemises auront été solidement cousues[14], mais vos bottes n'ont pas été aussi bien faites.

9. Nos lits sont nettoyés[15] tous les mois; les draps

---

1. Tromper : täuschen. — 2. Un jour : einst. — 3. Bout : das Ende. — 4. Tremper : tauchen. — 5. Sécher : trocknen. — 6. Avocat : Sachwalter. — 7. Ruiner : zu Grunde richten — 8. Placer : stellen. — 9. Garde (surveillance) : die Aufsicht. — 10. Piquer : spießen. — 11. Feuille de liége : das Korkblatt. — 12. A l'envi : um die Wette. — 13. Magnifique : prächtig. — 14. Coudre : nähen. — 15. Nettoyer :

sont changés toutes les semaines : nous n'(en) demandons pas davantage.

10. Nos souffrances seraient honorées par nos ennemis eux-mêmes; mais elles ne sont rien comparées aux vôtres.

11. Dans les gymnases d'Allemagne les belles-lettres [16] et les mathématiques sont cultivées [17] avec soin, comme en France.

12. La passion de Notre-Seigneur Jésus-Christ nous est prêchée le vendredi-saint [18].

PRONOMS ET PRONOMINAUX.

I

PRONOMS PERSONNELS AU SENS PROPRE.

Verbes avec particules inséparables.

Suppression de ge au participe passé, ainsi que dans les verbes en iren.

1. Ces écoliers ont perdu leur temps pendant ce semestre [1], et le but de leurs parents n'a pas été atteint [2].

2. Tu n'as pas obéi aux prescriptions de tes médecins : il est temps d'écouter leur voix et de te guérir de ton mal.

3. Ce jeune homme a dissipé dans la débauche [3] sa

----

reinigen. — 16. Belles-lettres : die schönen Wissenschaften. — 17. Cultiver (pratiquer) : üben. — 18. Le vendredi saint : am Charfreitag.

1. Semestre : das Halbjahr. — 2. Atteindre : erreichen. — 3. Dissiper

fortune[4] et celle de son frère : cette maison lui avait appartenu autrefois; elle est maintenant ma propriété.

4. Les chiens de ton fermier[5] ont mis en lambeaux[6] celui de mon garde : ses membres étaient dispersés dans la campagne[7].

5. J'aurais volontiers ombré[8] cette tête; mais elle était un peu trop difficile : essaie[9] de la dessiner; je l'ai tenté[10] vainement.

6. Un ours avait gagné son pain en dansant[11] dans[12] les foires : il crut être un jour un objet d'admiration pour ses frères des bois, mais il fut raillé[13] par eux.

7. Ces allées[14] seront plantées[15] de tilleuls[16].

8. Mon ami, vous avez mal interprété[17] mes paroles et mésusé[18] du droit de la défense.

9. Les injures de cet insensé m'avaient fort courroucé; mais j'eus tort d'en être ému.

10. Les peuples auraient été soulevés[19] par ce traître : mais ses tentatives échouèrent[20]; il fut maltraité justement par la fortune.

11. On vous a vainement espionné[21] tout le jour.

12. Ce frère aime sa sœur, la sœur son frère, et tous deux chérissent[22] leurs parents.

---

dans la débauche : verpraſſen. — 4. Fortune (biens) : das Vermögen. — 5. Fermier : der Pächter. — 6. Mettre en lambeaux : zerfleiſchen. — 7. Campagne : das Feld. — 8. Ombrer : ſchattiren. — 9. Essayer : verſuchen. — 10. Tenter : probiren. — 11. Gagner en dansant : ertanzen. — 12. Dans : auf, datif. — 13. Railler : verhöhnen. — 14. Allée : die Anlage. — 15. Planter : bepflanzen. — 16. Tilleul : die Linde. — 17. Mal interpréter : mißdeuten. — 18. Mésuser : mißbrauchen, avec l'accusatif. — 19. Soulever : empören. — 20. Échouer : ſcheitern. — 21. Espionner : ſpioniren. — 22. Chérir : herzlich lieben.

II

PRONOMS PERSONNELS DE POLITESSE.

Verbes avec particules séparables.

Maintien de ge au participe passé.

1. Mon ami, vous me représentez[1] inutilement les beautés de ce pays; je ne suis pas disposé[2] maintenant à vous entendre.

2. Je vous ai renvoyé[3] ces ouvrages hier matin[4] : ma sœur les a emballés[5] avec soin dans une caisse; soyez indulgent pour[6] mon retard.

3. O Dieu! combien je suis malheureux! Son Altesse me chasse[7] aujourd'hui de[8] la maison; je n'ai plus l'espoir d'(y) rentrer[9].

4. Jean, avez-vous déplié[10] ma redingote et fouillé[11] les poches? Mon portefeuille me manque; il ne se retrouve[12] pas.

5. Nous vous annonçâmes[13] hier l'arrivée de Monseigneur[14] l'évêque; préparez-vous[15] à le bien recevoir, car il est très-digne de notre affection.

6. Marie, où est vôtre maître? — Monsieur est allé en voyage pour[16] deux mois, et après son retour il

1. Représenter : barftellen. — 2. Disposer : auflegen. — 3. Renvoyer : zurüdfchicken. — 4. Hier matin : geftern morgens. — 5. Emballer : zufammenpacken. — 6. Pour : wegen, génitif. — 7. Chasser : fortjagen. — 8. De : aus, datif. — 9. Rentrer : wieder hereingehen. — 10. Déplier : aufwickeln. — 11. Fouiller : durchfuchen (insépar.) — 12. Retrouver : wiederfinden. — 13. Annoncer : ankündigen. — 14. Monseigneur : Seine Gnaden. — 15. Préparer : vorbereiten. — 16. Aller en voyage : fortreifen;

part de nouveau[17] dans trois semaines. Ne l'attendez donc pas avant ce temps.

7. Vous vous exposez[18] à un danger sans profit pour vous et vos parents. Que deviendra votre mère? Son soutien, sa consolation lui manquera; ne soyez donc[19] pas si imprudent.

8. Ouvrez[20] cette porte et fermez cette fenêtre : je crains le vent coulis[21]; préparez-vous ensuite pour votre classe: le cours a lieu[22] dans une heure.

9. Cessez d'émigrer[23] d'une chambre dans[24] l'autre. Votre inconstance amène[25] une perte de temps[26] et un dommage pour vos études.

10. Jean, nettoyez[27] ces meubles; mettez ensuite vos habits du dimanche et allez au-devant de mon père : il arrive[28] dans une heure à peu près.

11. On m'a opposé un rival dans[29] ces élections: votre zèle a dégénéré[30] dans cette circonstance; je ne vous le pardonne pas.

12. Vous essayez vainement d'insinuer[31] dans mon cœur le venin de la jalousie. Vous adressez vos paroles à un homme d'honneur.

---

pour auf... acc. — 17. De nouveau : auf's neue. — 18. Exposer : aussetzen. — 19. Donc : also ou denn. — 20. Ouvrir : aufmachen. — Fermer : zumachen. — 21. Vent coulis : der Zugwind. — 22. Avoir lieu : stattfinden. — 23. Émigrer : auswandern ; de : aus, dat. — 24. Dans : in, accus. — 25. Amener : hervorbringen. — 26. Perte de temps : der Zeitverlust. — 27. Nettoyer : ausputzen; mettre : anlegen. — 28. Arriver : ankommen. — 29. Dans : bei, dat. — 30. Dégénérer : ausarten. — 31. Insinuer : einflößen.

III

PRONOMINAUX DÉMONSTRATIFS ET POSSESSIFS.

Verbes réfléchis.

1. Nos employés se sont enorgueillis de leurs mérites : ils espéraient (des) récompenses[1] ; mais ils ont été détrompés[2].

2. Nos servantes se dépêchaient ; leur ouvrage se faisait, pour ainsi dire[3], tout seul ; elles s'attendaient[4] à une augmentation[5].

3. Il convient[6] de dire la vérité, même au péril[7] de ses jours ; tu t'efforces[8] en vain de la dissimuler à[9] tes parents.

4. On ne rougit point de[10] la vertu : on pleure sur ses vices et sur ses fautes ; car la première[11] est notre espoir[12] devant Dieu ; les autres sont notre condamnation.

5. Nous nous serions chagrinés[13] de cette perte : nous nous consolâmes[14] néanmoins à l'idée[15] de ta bienveillance envers nous.

6. Dieu avait eu pitié de mon frère : il fut sauvé par ses nombreux amis et se montra digne de ce secours.

---

1. Récompense : die Belohnung. — 2. Détromper : enttäuschen. — 3. Pour ainsi dire : gleichsam. — 4. S'attendre : sich gewarten, avec le génitif. — 5. Augmentation : die Erhöhung des Lohns. — 6. Convenir : sich geziemen. — 7. Au péril de : auf die Gefahr … hin. — 8. S'efforcer : sich bemühen. — 9. Dissimuler à : hehlen vor, dat. — 10. Rougir de : sich schämen über, accus. — 11. La première : erstere. — 12. Espoir : die Hoffnung. — 13. Se chagriner : sich grämen. — 14. Se consoler : sich trösten. — 15. A l'idée de : beim Gedanken an, accus. —

7. Ces jeunes garçons se sont amusés[16] sur l'herbe de la prairie; leurs habits en sont tout humides.

8. Vous vous êtes déshonoré[17] par ce livre : la raison devrait[18] être la lumière de la piété et non son ennemie.

9. Vous osez[19] affirmer une pareille hérésie, malheureux! Réfléchissez sur[20] vous-mêmes et sauvez-vous du naufrage[21].

10. Réjouissez-vous[22] des progrès de cet élève : ils sont le gage de son avenir et du bonheur de notre vieillesse.

11. Ces deux messieurs se salueront un jour : aujourd'hui ils ne se connaissent pas.

12. Aimez-vous les uns les autres, dit le Seigneur.

IV

NOMBRES CARDINAUX.

Verbes unipersonnels.

1. J'ai eu faim ce matin à dix heures. Ma servante a fait cuire[1] mon déjeuner; à dix heures et demie[2] j'étais rassasié.

2. À quelle heure as-tu soif le soir? — Vers neuf heures un quart[3]; je prends[4] alors le thé avec quelques gâteaux.

16. S'amuser : fich beluftigen. — 17. Se déshonorer : fich entehren. — 18. Devrait : follte. — 19. Oser : fich erfühnen ou fich erbreiften. — 20. Réfléchir sur : benken über, accus. — 21. Naufrage : ber Schiffbruch. — 22. Se réjouir : fich freuen.

1. Faire cuire : fochen. — 2. Dix heures et demie : halb eilf. — 3. Neuf heures un quart : ein Viertel nach neun. — 4. Prendre (boire) :

3. Vous avez envie de[5] ces fruits; je le sais : je veux vous (en) donner[6] sept ou huit; demain vous (en) aurez davantage et dans huit jours encore plus.

4. Il pleut beaucoup depuis cinq ou six semaines; vingt-cinq personnes sont malades dans le village : un de nos domestiques est[7] même en danger de mort.

5. Il n'avait pas grêlé depuis trois ans dans ce canton. Mais le fléau a ravagé cette année 93 arpents[8] de mes terres et 253 de celles de mon oncle.

6. Tu t'étonnerais de me voir dans quinze[9] jours, dis-tu; je serai pourtant ici dans dix ou douze; tiens-toi prêt à me recevoir.

7. Il tonne dans les montagnes; les éclairs jaillissent éclatants de lumière; je me réjouis de ces magnificences de la nature. J'ai compté déjà trente-deux coups de tonnerre[10].

8. On jouait de la flûte et du violon[11] dans cette salle[12]; on dansait et déjà la fête devenait brillante: vingt-trois invités augmentèrent tout à coup[13] notre nombre : nous fûmes quatre-vingt-huit.

9. J'avais sommeil depuis deux jours; je dormis[14] quinze heures.

10. Il dépend de toi seul d'acheter ces deux mille trois cent quarante-deux moutons et ces mille deux cent cinquante trois brebis. Tu es assez riche[15].

trinken. — 5. J'ai envie de : es gelüstet mich nach, dat. — 6. Donner : schenken. — 7. Être en danger de mort : in Gefahr des Lebens schweben. — 8. Arpent : der Morgen ou die Ruthe. — 9. On dit en allemand : 14 jours. — 10. Coup de tonnerre : Donnerschlag. — 11. Jouer de la flûte : flöten; du violon : fiedeln ou geigen. — 12. La salle : der Saal. — 13. Tout à coup : plötzlich. — 14. Dormir : schlummern. — 15. Assez riche : reich genug.

ADJECTIFS.

I

ADJECTIF ATTRIBUT.

Forme invariable. — Construction simple.

1. Ces gibecières ont été données hier aux élèves de sixième, de cinquième et de quatrième ; elles sont grandes, solides et commodes.

2. Les cahiers de mes enfants sont propres ; l'écriture (en) est régulière ; les textes sont corrects. Tant de zèle a été loué et récompensé par le proviseur[1] et le censeur : c'était bien mérité.

3. Deux de nos professeurs sont malades ; les autres sont bien portants et corrigent nos devoirs : nous leur rendrons la tâche[2] facile par notre application[3] et notre conduite[4].

4. Louis était laborieux, docile, intelligent ; Hélène, au contraire[5], se montrait paresseuse, revêche, quoique douée[6] d'intelligence : elle a été vivement réprimandée[7] par la maîtresse.

5. Nous consolâmes ton père ; il était malheureux à cause de[8] ton échec ; ta mère était malade, nous le lui cachâmes.

6. On exhorte les enfants au travail : leurs cœurs sont accessibles[9] aux conseils, mais leur légèreté[10] est parfois extraordinaire.

1. Le proviseur : ber Direktor. — 2. La tâche : bie Aufgabe. — 3. Application : ber Fleiß. — 4. La conduite : bas Betragen. — 5. Au contraire : bagegen. — 6. Doué : begabt mit. — 7. Réprimander : rügen. — 8. A cause de : wegen. — 9. Accessible : jugänglich. — 10. Légè-

7. Ce pain nous a été vendu tendre[11]; nous l'avons mangé rassis[12].

8. Les dieux nous furent propices[13] et les vents favorables : nous atteignîmes la côte et nous abordâmes tranquillement.

9. Nous nous étions équipés pour cette lutte ; elle fut longue, terrible; le résultat est encore indécis.

10. Les fleurs sont blanches, bleues, jaunes, rouges, fines, larges, brillantes, odorantes; elles affectent[14] toute espèce de[15] formes pour réjouir la vue et l'odorat.

11. Dieu seul est grand; l'homme est infiniment petit : mais la foi le rapproche[16] de son Créateur et le rend digne de lui.

12. Aimez vos frères et soyez prévenants[17] envers eux. C'est la loi de votre existence.

II

DÉCLINAISON FORTE DES ADJECTIFS.

Terminaisons er, e, es.

Construction affirmative.

1. (De) grands progrès et (des) vues[1] larges, tel est le caractère de ce règne[2]; nous devons le reconnaître.

2. L'amitié de chrétiens vertueux et sincères[3] faisait le charme de ma vie.

reté : der Leichtsinn. — 11. Tendre : mürbe. — 12. Rassis : hart. — 13. Propice : gnädig. — 14. Elles affectent : sie nehmen .... an. — 15. Toute espèce de : allerlei. — 16. Rapprocher : nähern, dat. — 17. Prévenant : zuvorkommend.

1. La vue : die Aussicht. — 2. Règne : die Regierung. — 3. Sincère :

3. (Les) âmes naïves craignent le mal, mais ne le connaissent pas.

4. Oiseaux rapides, soyez les messagers de mon bonheur ; annoncez-le à mes amis, à mes proches.

5. Guillaume joint à [4] (des) qualités sérieuses, à un talent naturel, (un) travail opiniâtre [5] et (un) goût pur.

6. Impudents menteurs, faux amis, je vous renie [6] et vous bannis hors de [7] ma présence.

7. (Des) herbes salutaires ont guéri ma blessure et bientôt elle sera cicatrisée [8].

8. (Les) gens indolents tremblent devant l'activité des gens laborieux : ce spectacle les rend malheureux et faibles.

9. (La) piété sincère est la source d'un bonheur [9] durable.

10. Tu renonceras [10] (aux) plaisirs [11] coupables ; tu goûteras [12] alors des joies indicibles et la paix du cœur [13].

11. Ce général commandait [14] des soldats lâches et nexpérimentés : d'inévitables défaites l'attendaient [15].

12. (Une) valeur aveugle, (un) indomptable désir le la gloire [16] animait ce héros des temps anciens.

13. Le soleil brille [17] sur (les) bons et (sur les) méchants.

14. Tout est possible (aux) âmes généreuses : (le) bien est leur mobile et leur but ; la Providence les seconde [18] toujours.

nfrichtig. — 4. Joindre à : verbinden mit. — 5. Opiniâtre : anhaltend. — Renier : verläugnen. — 7. Bannir de : verbannen aus, avec le datif. — Cicatriser : vernarben. — 9. Bonheur : das Gedeihen. — 10. Renoncer : verzichten auf, accus. — 11. Plaisir : Vergnügung. — 12. Goûter : genießen. — 13. Paix du cœur : die Seelenruhe. — 14. Commander : befehligen. — 15. Attendre : harren et le génitif. — 16. Désir de la gloire : die Ruhmbegierde. — 17. Tournez : Il (es) brille le soleil …. r : über. — 18. Seconder : unterstützen.

III

DÉCLINAISON FAIBLE DES ADJECTIFS.

Terminaison commune e.

Construction interrogative.

1. Le front du brave soldat se rassérénit[1] à la nouvelle de notre victoire. Avais-tu remarqué ce changement étrange ?

2. Ce voyageur[2] admire-t-il le lac limpide, le ciel bleu, les étoiles étincelantes et ces innombrables nacelles? Tout vit et respire dans ce délicieux tableau[3].

3. Les peuples sont-ils les maîtres de leur destinée? Dieu leur en[4] a donné lui-même le droit incontestable.

4. Les Romains ont-ils réellement adoré[5] Mars sous la forme d'une lance? Sans doute : cette tradition historique a cours[6] aujourd'hui dans beaucoup d'écoles.

5. Les cœurs faibles sont-ils cruels? Oui; ils ne sont pas sans doute[7] les auteurs du mal, mais ils en[8] deviennent à leur insu les instruments dociles et les moyens en apparence[9] honnêtes.

6. Les grands et les riches se croient tout permis : leur position et leur fortune les aveuglent sur eux-mêmes et sur les autres. Mais sont-ils seuls coupables? La lâcheté obséquieuse[10] des flatteurs ne l'est-elle pas autant ?

---

1. Se rassérénir : ſich erheitern. — 2. Le voyageur : ber Wanberer. — 3. Tableau : bas Schauspiel. — 4. En : bazu. — 5. Adoré : angebetet. — 6. Avoir cours : im Umlauf ſeyn. — 7. Sans doute : zwar. — 8. En : beſſelben. — 9. En apparence : ſcheinbar, adverbe. — 10. Obséquieux

7. Le vrai peut-il être invraisemblable, et l'invrai-semblable peut-il être vrai? Assurément le bon[11] sens[12] nous le dit et les preuves en[13] sont fréquentes.

8. Le chasseur aperçoit-il le monde du haut de la montagne[14]? Les verdoyantes campagnes se mon-trent-elles à lui?

9. Le présent est-il seul précieux? Les sots le croient ainsi, mais les sages jouissent du présent et songent au lendemain[15].

10. Quels soucis[16] rongeurs dévorent[17] l'âme de ton ami? — Ses espérances trompées[18].

IV

DÉCLINAISON MIXTE DES ADJECTIFS.

Terminaisons er, c, eß.

Constructions diverses.

1. Un petit roi de Grèce[1] déniait au roi de Perse[2] le titre de grand roi.

2. Notre beau printemps est passé; un été brûlant mais fécond mûrira les fruits savoureux[3] de nos jardins.

3. Tu voudrais arrêter le soleil dans sa course? Sa marche[4] majestueuse et rayonnante triomphera de[5] ton orgueil insensé.

knechtisch. — 11. Bon : gesund. — 12. Sens : der Menschenverstand. — 13. En : davon. — 14. Du haut de : von.... herab, datif. — 15. Lende-main : der morgende Tag. — 16. Souci : Sorge; rongeur : quälend. — 17. Dévorer : wühlen in, datif. — 18. Trompées : getäuscht.

1. Grèce ◦ (das) Griechenland. — 2. Perse : (das) Persien. — 3. Sa-voureux : saftig. — 4. Marche : der Gang. — 5. Triompher de : siegen

4. Cette noble conduite de ton ami sera approuvée [6] de tous ; elle est un gage [7] heureux pour lui et pour nous.

5. Une douce consolation me reste dans ce malheur : je compte les têtes qui me sont chères [8] ; aucune ne manque.

6. J'avais été protégé par ton généreux parent ; un nouvel horizon brillait à [9] mes regards ; mais une nuit profonde m'enveloppa bientôt.

7. Une parole flatteuse guérit les blessures d'un cœur faible et vain.

8. Votre ciel splendide et votre sol béni sont des richesses inépuisables ; utilisez ces dons si rares et si précieux.

9. Un imprudent et un sage, un prodigue et un avare, un chrétien et un athée [10] ne vont guère ensemble [11].

10. Nul mérite remarquable, nulle action généreuse, nulle pensée utile n'échappait [12] à ce regard d'aigle [13].

11. J'avais ordonné en maître ; un résultat fâcheux détruisit l'œuvre d'une volonté trop prompte.

12. Louis a-t-il acheté un cheval vieux ou jeune ? Il a été abusé dernièrement par les promesses séduisantes d'un maquignon peu consciencieux. Sera-t-il content de son achat d'aujourd'hui [14].

über, accus. — 6. Approuver : billigen. — 7. Gage : das Pfand. — 8. Cher : lieb ; tournez : de mes chers. — 9. à : vor. — 10. Athée : gottlos, adjectif. — 11. Aller ensemble : mit einander passen. — 12. Échappait : entging. — 13. Regard d'aigle : der Adlerblick. — 14. D'aujourd'hui, *hodiernus* : heutig.

V

FORMATION DES COMPARATIFS ET SUPERLATIFS.

Soit adjectifs, soit adverbes.

1. Un chemin déjà long devient plus long par l'uniformité du paysage.

2. Le ciel était couvert de nuages noirs, mais son âme était plus sombre [1] encore.

3. Cette eau est bonne pour la barbe; elle est plus tiède que celle-là; le savon moussera [2] mieux.

4. Henri, la [3] tête basse, murmurait avec une humilité extrême [4] des paroles d'excuse pour sa sotte [5] conduite.

5. François était plus fort qu'Albert; il avait exercé depuis fort longtemps [6] son corps à [7] toutes les fatigues.

6. Cet arbre a été autrefois bien plus haut et plus large qu'aujourd'hui; on l'a émondé [8] et raccourci [9] dernièrement; il est encore assez grand et son ombre est assez épaisse.

7. Porte [10] ces lettres en toute hâte [11] au bureau de poste; je suis très-impatient de recevoir des nouvelles de mon frère.

8. Ce malade devenait de jour en jour plus débile [12] et plus maigre : le mal devenait plus grave et la mort était proche.

---

1. Sombre : büſter. — 2. Mousser : ſchäumen. — 3. Suppléez : avec, mit, datif. — 4. Tournez : « le plus humblement; » humble : bemüthig. — 5. Sot : bumm. — 6. Longtemps : lange. — 7. A : zu. — 8. Émondé : ausgeſchnitten. — 9. Raccourcir : ſtuțen. — 10. Porter : beförbern. — 11. A la hâte : eilig. — 12. Débile : ſchwach

9. Le visage de cet écolier est devenu plus rouge; sa faute devenait plus évidente. Il pleurait; ses larmes nous ont émus.

10. Cet acrobate est plus adroit [13] qu'un singe.

11. Le tigre est plus rusé [14] que le lion.

12. Nos heures sont comptées; la dernière est plus près que nous (ne) croyons. Cherchons à être toujours dignes de la grâce de Dieu.

VI

DÉCLINAISON DES COMPARATIFS ET SUPERLATIFS,

Semblable à celle des positifs.

1. Les plus grandes calamités sont toujours accompagnées de quelque [1] douce consolation.

2. La plus noble conquête que l'homme ait jamais faite est celle du cheval.

3. Un homme plus capable [3] se mit [4] à la tête des affaires de cette maison de commerce [5], et sauva ainsi la fortune et l'honneur compromis [6] de ses bienfaiteurs.

4. Quelle plus belle preuve de dévouement réclamez-vous de ce patriote? Il aime son pays, l'instruit et le défend; il respecte l'autorité et répand les bienfaits autour [7] de lui.

5. Le linge le plus blanc [8], les habits les plus fins, les mets les plus recherchés [9], les appartements les

13. Adroit : gewandt. — 14. Rusé : schlau.

1. Quelque, au sing. : irgend ein. — 2. Jamais : je. — 3. Capable : tüchtig. — 4. Se mit à la tête : trat an die Spitze. — 5. Maison de commerce : Handelshaus. — 6. Compromettre : gefährden. — 7. Répandre autour : streuen um, accus. — 8. Blanc : sauber. — 9. Recherché :

plus somptueux, tout dénotait dans [10] ce jeune homme l'amour du luxe et de la dépense.

6. Un bruit monotone et sourd nous endormit [11] dans ces forêts sauvages et désertes ; un bruit plus éclatant [12] nous réveilla. Une clarté sinistre [13] nous en révéla [14] les causes, ainsi que notre situation affreuse.

7. Ces prairies sont belles et rayonnantes de lumière [15] ; mais j'(en) connais de plus belles et de plus rayonnantes : mon âme aspire déjà vers elles.

8. Le renard est l'animal le plus rusé, de même que le tigre est le plus cruel, le lion le plus redoutable.

9. Quelle plus généreuse pensée [16] avais-tu jamais conçue [17] !

10. Je sais [18] quel est le but [19] de tes plus ardents désirs [20] ; et je l'approuve.

---

felten, ausgefucht. — 10. Dénoter dans : beurkunden, an, dat. — 11. Endormir : in ben Schlaf wiegen. — 12. Éclatant : schallend. — 13. Sinistre : unheilbringend. — 14. Révéler : enthüllen, entbecken. — 15. Rayonnant de lumière : fonnig. — 16. Pensée : ber Gebanke. — 17. Concevoir : hegen (*fovere*). — 18. Je sais : ich weiß. — 19. Le but : bas Ziel. — 20. Traduisez par le sing.

VERBES. — CONJUGAISON FORTE.

I

VOYELLE RADICALE a.

Proposition subordonnée. — Nombres ordinaux.

	Inf.	Prét.	Part.	
1	a	u	a	9 verbes.
2	a	ie	a	9 verbes.

(Une exception : ſchallen.)

1. Ce pain a été cuit en une heure, c'est trop vite ; mais il ne serait pas bon qu'on le cuisît une seconde fois.

2. La fosse que tu creusais hier avec le jardinier est dangereuse (aux) pour les passants ; ce n'est pas le premier piége que tu tends [1] aux maladroits.

3. Le 25e régiment chargea ses armes [2] ; le premier coup de feu qui partit [3] de nos rangs abattit [4] le colonel d'un escadron ennemi.

4. Le [5] huitième jour, nous partîmes en voiture de notre ville natale et nous dîmes adieu à ceux qui nous accompagnaient de [6] leurs vœux et de leurs larmes.

5. Celui qui t'a créé, toi et les tiens, te conserve [7] et te guide par un effet de sa grâce et de son amour. Tu serais la dernière créature, et la moins digne, si tu ne grandissais [8] en mérite et en vertu.

---

1. Tendre un piége : eine Falle legen. — 2. Arme : das Gewehr. — 3. Partir : fallen. — 4. Abattre : zu Boden ſtrecken. — 5. Le : am. — 6. De : mit, dat. — 7. Conserver : erhalten. — 8. Grandir en : wachſen

6. Tu portes la marque glorieuse de ces blessures, que tu as lavées dans le sang de tes ennemis. Célèbre joyeusement le quinzième anniversaire de ta victoire et de leur défaite.

7. Le rossignol qui chante [9] si agréablement est le douzième que j'ai pris [10] pendant le cours de cette année.

8. L'ami que nous abandonnâmes [11] aux mains de l'ennemi victorieux nous écrit aujourd'hui sa vingt et unième lettre et nous annonce sa prochaine arrivée.

9. Nous attisâmes [12] le feu, nous rôtîmes les perdrix; puis nous nous assîmes à table et nous vidâmes la troisième coupe de ce bon vin que tu nous avais envoyé (le) mois dernier [13].

10. L'homme qui était pendu à [14] la sixième branche de cet arbre se balançait dans l'espace; nous le crûmes vivant. Henri nous conseilla de courir [15] plus vite et de le sauver, si c'était possible.

11. Nous dormions profondément, lorsqu'à [16] la septième heure de la nuit, nous fûmes secoués par une main vigoureuse; nous quittâmes alors nos lits.

12. Quels accents [17] ont retenti [18] pour la dixième fois dans la maison voisine, numéro 38?

---

an, datif. — 9. Chanter : ſchlagen. — 10. Prendre : fangen. — 11. Abandonner : verlaſſen. — 12. Attiser : blaſen in, accus. — 13. Dernier (précédent) : vorig. — 14. A : an, datif. — 15. Courir : eilen. — 16. A : um, accus. — 17. Accent : der Ton. — 18. Retentir : erſchallen.

II

VOYELLE RADICALE e.

	Inf.	Prét.	Part.	
1	e	a	o	19 verbes.
2	e	a	e	10 verbes.
3	e	o	o	12 verbes.

(Deux exceptions : gehen, ſtehen.)

1. Nos soldats s'étaient mis en rang comme l'avait ordonné le colonel : l'ordre donné par un chef est une loi à laquelle chacun se soumet aveuglément.

2. Le volcan avait fait éruption[1] ; les habitants du village étaient épouvantés ; on parlait[2] d'abandonner les maisons ; chacun enrôlait des poltrons sous la bannière de la peur. On est sans crainte depuis deux jours.

3. Une balle atteignit le capitaine en pleine[3] poitrine : il est mort sans dire un mot.

4. On me traite[4] d'ignorant, parce que je parle peu : ce reproche ne m'atteint pas ; je me suis dérobé à temps à la société des gens qui font du bavardage la marque du savoir.

5. Mon cœur se brise[5] quand je vois que cet honnête homme est si rudement éprouvé.

6. Tu étais plongé dans la vase ; je t'ai aidé heureusement ; les habits seuls sont gâtés, mais cela t'est indifférent[6] ; cache-toi ; je vais t' (en) chercher (d') autres.

---

1. Faire éruption : ausbrechen. — 2. Parler ; ajoutez « de cela » : bavon. — 3. En pleine ; tournez « au milieu dans » : mitten in. — 4. Traiter de : ſchelten, et l'accusatif. — 5. Se briser : brechen ; tournez « brise à moi. » — 6. Être indifférent : gleich gelten. —

7. Pour désigner le boire et le manger la langue allemande se sert de termes particuliers, quand il s'agit des hommes ou des animaux. Dis-les moi : je désire les connaître.

8. Je suis enfin guéri de ces maux qui dévoraient[7] mon cœur.

9. J'ai mesuré ce livre du[8] regard ; je le lisais déjà avec plaisir ; mais il arriva qu'à[9] la 53e page un dégoût invincible s'empara de moi : j'ai vite oublié ce que j'avais lu.

10. Ce qui m'engageait à faire ce voyage (c)'était le désir de compléter mon éducation. J'avais déjà combattu en esprit[10] pour la bonne cause ; je voulus rester digne d'elle par des efforts réels.

11. La cire se fond à[11] la chaleur, et l'âme rebelle au contact de la vertu.

12. Quelles preuves d'amitié m'as-tu données ? J'étais dans un asile sûr[12] ; et tu ne m'as pas laissé en repos.

13. La grenouille qui s'enfle trop finit par crever[13].

14. Ne jette point la pierre au pécheur, car tu n'es pas sans péché.

15. J'avais coutume de me baigner l'après-midi dans cette rivière.

16. Le berger a trait ses brebis ; il les a tondues ensuite ; les habits qu'il porte ont été tissés par ses filles avec la laine de ses troupeaux.

17. Il dépendait de[14] moi d'être le plus heureux des

---

7. Dévorer : freſſen, an, avec le datif. — 8. Du : mit dem. — 9. A : bei, datif. — 10. En esprit : im Geiſte. — 11. A : in, datif. — 12. Être dans un asile sûr : gut aufgehoben ſeyn. — 13. Tournez « Crève enfin. » — 14. Dépendre de : ſtehen bei, avec le datif. —

jeunes gens de notre âge; mais j'étais allé trop loin dans [15] cette circonstance.

18. Tandis que je cheminais [16] tranquille, un homme qui s'était tenu [17] près d'un arbre leva le chapeau [18] devant moi et me demanda l'aumône [19].

III

VOYELLE RADICALE i.

	Inf.	Prét.	Part.	
1	i	a	u	17 verbes.
2	i	a	o	8 verbes.

(Trois exceptions : bitten, ſitzen, ſchinden.)

1. Lorqu'Arion eut achevé son hymne [1] il se précipita [2] dans les flots. Il n'avait point réussi à toucher le cœur des matelots cupides.

2. Les grues d'Ibycus disparurent au moment de sa mort; mais leur présence inattendue aux jeux isthmiques arracha [3] à ses meurtriers une exclamation qui les trahit devant la Grèce entière.

3. Le chant des furies avait déjà résonné à leurs oreilles, alors que nul témoin, nul accusateur ne se trouvait dans l'assemblée pour les désigner à la vengeance du peuple.

4. Ils s'étaient ainsi enlacés [4] dans leurs propres filets; la Providence ne laisse aucun forfait impuni.

---

15. Dans : bei. — 16. Cheminer : gehen. — 17. Se tenir : ſtehen. — 18. Lever le chapeau : den Hut abnehmen. — 19. Demander l'aumône : um ein Almoſen bitten, prét. bat, part. gebeten.

1. Achever un hymne : ein Lied ausſingen. — 2. Tournez : « il sauta. » — 3. Arracher : abbringen. — 4. Enlacer : umſchlingen. —

5. Les noms des héros de la Grèce et de Rome, de ceux qui ont lutté glorieusement pour la patrie, brillent d'un éclat toujours nouveau.

6. Tell s'élança sur la plate-forme[5] et les mariniers du bailli perdirent de nouveau courage[6] au milieu des vagues amoncelées[7] autour de la barque.

7. Dans ce contrat nous nous sommes réservé[8] la jouissance du jardin et du potager.

8. L'endroit[9] que tu as passé[10] est le plus intéressant du livre.

9. Un rire forcé[11] est un mensonge muet, un acte de tromperie.

10. Le roi buvait à[12] cette coupe enivrante l'oubli de maux salutaires.

11. La jeune fille ceignit son front de[13] roses et de lis.

12. Ce que le joueur avait gagné s'échappa de[14] ses mains : la fortune qui lui avait d'abord souri lui devint infidèle.

13. Nous avions commencé l'œuvre en commun ; mais la jalousie, ce feu qui couvait constamment[15] sous la cendre, nous sépara bientôt pour[16] toujours.

14. L'ours avait escaladé[17] la cime de l'arbre où[18] le voyageur s'était réfugié, et il regardait[19] celui-ci avec des yeux qui ne promettaient rien de bon.

---

5. Plate-forme : bie Felsenplatte. — 6. Tournez : « et le courage tombait (sinsen) aux… » — 7. Amoncelé : hochgethürmt. — 8. Se réserver : sich ausbedingen. — 9. L'endroit : bie Stelle. — 10. Passer : überspringen, inséparable. — 11. Forcé : erzwungen. — 12. A : aus, datif. — 13. De : mit. — 14. S'échapper de : zerrinnen in, datif. — 15. Constamment : fortwährend. — 16. Pour toujours : auf immer. — 17. Escalader : erklimmen. — 18. Où : wohin. — 19. Regarder : anglotzen. —

15. Le subterfuge que le menteur a imaginé[20] cause souvent sa perte.

16. Le soleil éclaire plus d'une fois les trames ourdies pendant la nuit[21].

17. Je vous avais prié de me rendre un important service : vous me l'avez rendu et je vous en[22] suis très-obligé[23].

18. Qui a posé[24] pour ce tableau[25]? Louis ou Charles? Aucun des deux, c'est leur cousin qu'ils en[26] avaient prié[27].

IV

VOYELLE RADICALE ei.

	Infin.	Prét.	Part.	
1	ei	i	i	24 verbes.
2	ei	ie	ie	16 verbes.

(Une exception : ßeißen.)

1. Je me suis appliqué à te rendre la vie douce et agréable.

2. Notre oncle s'éteignit[1] dans les bras de ses enfants qui lui ressemblaient sous le rapport[2] des sentiments et du caractère.

3. Le jeune garçon mordit à[3] la pomme et la mangea[4] devant nous.

20. Imaginer : erſinnen. — 21. Tournez : « ce que la sombre nuit (a) filé vient assez souvent à la lumière du soleil. » — 22. En : bafür. — 23. Obliger : verbinben. — 24. Poser pour : ſißen ju, datif. — 25. Tableau : bas Gemälbe. — 26. En : barum. — 27. Traduisez par le prétérit.

1. S'éteindre, mourir : erbleichen. — 2. Sous le rapport de : in Betreff. — 3. Mordre sur : anbeißen, acc. — 4. Manger : verzehren. —

4. En hiver nous glissions en traîneau du haut[5] de la montagne; nous n'aurions point souffert qu'on nous fît du feu dans nos chambres.

5. En été nous marchions[6] par monts et par vaux[7] ou bien nous montions à cheval des journées entières, et nous sifflions des airs joyeux à travers les bois.

6. Le berger saisit sa massue pour assommer le loup; celui-ci s'esquiva au plus vite et gagna le large[8].

7. Ce vieux soldat caressait[9] sa moustache après la victoire, heureux d'avoir expulsé[10] de nos frontières l'ennemi qui les avait imprudemment franchies[11].

8. Tu ne m'as jamais quitté[12] dans mes épreuves; mais l'ingratitude de ton frère dans cette dernière circonstance m'a navré[13] le cœur.

9. Qui t'a pincé les joues si cruellement, mon pauvre ami? C'est Antoine; vous voyez combien il est méchant et brutal; mais je lui ai pardonné.

10. Qu'est-il resté des magnifiques projets de ce conquérant? Des monceaux de ruines et des malheureux qui demandaient du pain à grands cris[14].

11. Mon cœur[15] a été attendri[16] à l'aspect de cette misère qui était montée au comble[17]. Mes affaires prospéraient et j'ai prêté de l'argent à ces infortunés.

12. Je m'étais estimé[18] heureux de l'occasion que la Providence me fournissait[19] de leur venir en aide.

5. Glisser du haut de : heruntergleiten. — 6. Marcher : schreiten. — 7. Par monts et vaux : über Berg und Thal. — 8. Gagner le large : davonreißen. — 9. Caresser : streichen. — 10. Expulser : fortschmeißen. — 11. Franchir : überschreiten; insépar. — 12. Quitter (se séparer de) : scheiben von, dat. avec auxil. sein. — 13. Navrer le cœur : einem ins Herz schreiben. — 14. Demander à grands cris : schreien nach. — 15. Cœur : der Sinn. — 16. Attendrir : erweichen. — 17. Au comble : auf's Höchste. — 18. Estimer heureux : glücklich preisen. — 19. Fournir : verleihen. —

13. Gustave-Adolphe tailla en pièces[20] les impériaux à la bataille de Leipzig : il semblait devoir triompher aisément de tous les obstacles.

14. La valeur des Suédois, dans cette journée mémorable, se distingua de celle des Saxons; ils chassaient[21] les ennemis devant eux comme des troupeaux épouvantés.

15. Ce que l'auteur a passé sous silence[22] dans son livre est une lacune regrettable. Un autre a écrit avec talent sur cet intéressant sujet.

16. Le gouffre vomit[23] la proie qu'il avait dévorée : nous contemplâmes avec douleur les restes inanimés du plongeur intrépide.

17. On a prétendu[24] que tu te rendrais à cette invitation[25].

18. Thémistocle fut banni[26] honteusement par ses concitoyens qu'il avait délivrés. Un pareil procédé vis-à-vis d'un tel homme s'appellera toujours une turpitude.

V

VOYELLE RADICALE ie.

	Infin.	Prét.	Part.	
1	ie	o	o	23 verbes.

(Une exception : liegen.)

1. Mon fils, nous avons versé bien des larmes depuis ton départ.

---

20. Tailler en pièces : aufreiben. — 21. Chasser : treiben. — 22. Passer sous silence : verschweigen. — 23. Vomir : ausspeien. — 24. Prétendre; tournez : il s'est appelé. — 25. Se rendre à une invitation : einer Einladung nachkommen. — 26. Bannir : verweisen aus, datif.

2. Les branches de ces arbres ployaient sous le poids accablant de leurs fruits.

3. La douce persuasion coulait des lèvres de Platon, et ses paroles volaient de bouche en bouche.

4. Le chien avait fui[1] à la vue de son maître; il s'était réfugié[2] dans son chenil, d'où on le tira bien vite pour le châtier.

5. Les aliments que tu as pris[3] ne peuvent nullement t'être nuisibles : nous serions malades nous-mêmes, et tu vois que nous allons fort bien.

6. Il n'a pas fait froid cet hiver; mais la saison rigoureuse n'a pas encore perdu ses droits par cela même qu'elle ne nous a offert[4] que des faveurs[5].

7. Que de larmes n'ai-je pas repandues[6] sur cet enfant? Sombre et taciturne, il semblait ne pas entendre mes exhortations et mes reproches.

8. Ce qui m'avait surtout courroucé contre lui, (c')était son indifférence et sa paresse. Aujourd'hui tout a changé[7] et je suis en droit[8] de dire de lui : ce qui est différé n'est pas perdu[9].

9. Ces deux jumeaux grandissaient[10] comme deux jeunes chênes; je me plaisais à les admirer lorsqu'ils jouaient aux quilles[11] dans la cour ou luttaient dans la prairie.

10. As-tu vu comme les pavés lançaient des étincelles[12] sous les fers des chevaux.

11. Les plantes dégouttaient de rosée ; l'air reten-

---

1. Fuir : fliehen, avec sehn. — 2. Se réfugier : sich verkriechen. — 3. Prendre (consommer) : genießen. — 4. Offrir : darbieten. — 5. Tournez : « uniquement sa faveur. » — 6. Répandre des larmes : Thränen vergießen. — 7. Changer : anders werden. — 8. Être en droit : berechtigt sehn. — 9. Tournez simplement par les part. de aufschieben et de aufheben. — 10. Grandir (pousser) : aufsprießen. — 11. Jouer aux quilles : Kegel schieben. — 12. Lancer des étincelles : stieben. —

tissait des chants harmonieux des fauvettes et des pinsons.

12. Qu'avez-vous résolu[13] enfin? Avez-vous décoché[14] tous vos traits contre nous? Serez-vous moins méchant et un peu plus juste?

13. L'argent qu'on vous avait avancé[15] à contribué[16] à votre fortune : Soyez obligeant envers autrui, comme on l'a été pour vous.

14. Les promeneurs restèrent couchés sur le gazon (pendant) une heure à peu près.

VI

VOYELLES RADICALES ADOUCIES.

Infin.	Prét.	Part.	
a, o, u, au.	o	o	12 verbes.

(Plusieurs exceptions.)

1. Tout bien examiné, Monsieur, nous n'acceptons pas vos propositions.

2. Les chiens que nous avons vus dans ce bourg avaient bu à la mare du hameau.

3. Le jeune Palemon tetait au sein d'Amphitrite, sa mère, tandis que les chevaux marins[1] soufflaient bruyamment[2] en emportant le char de la déesse.

4. Laisserons-nous impuni le meurtre de tant d'honnêtes citoyens?

---

13. Résoudre : beschließen. — 14. Décocher : verschießen. — 15. Avancer : vorschießen. — 16. Contribuer : beitragen.

1. Cheval marin : das Seepferd. — 2. Souffler bruyamment : schnau-

5. L'orge et le houblon, après avoir[3] fermenté, produisent la bière.

6. Une blessure qui a longtemps suppuré se cicatrise enfin; ne crains rien pour la tienne; j'ai juré de te guérir et je tiendrai parole.

7. Ce que l'on a acquis par un mensonge[4] glisse[5] entre les mains; car celui qui trompe les autres pour s'enrichir est tôt ou tard[6] trompé à son tour.

8. La lumière se serait bientôt éteinte[7] d'elle-même quand même tu ne l'eusses pas éteinte.

9. Dieu t'a élu, mon fils, pour propager son règne[8] sur la terre et le glorifier.

VII

VERBES FORTS NON CLASSÉS.

Infin.	Prét.	Part.
(Voyelles diverses.)		15 verbes.

(Outre les exceptions déjà indiquées, les verbes hauen, laufen, gebären, stoßen, kommen, rufen, thun.)

1. Polycrate était debout avec Amasis sur la terrasse de son palais et contemplait avec orgueil l'île sur laquelle il dominait.

2. Un bruit confus retentit à leurs oreilles du côté de la rade : sa flotte revenait victorieuse, chargé de trésors et de captifs.

3. Je vous aurais prié de me rendre un petit ser-

ben. — 3. Tournez : « après qu'ils ont... » — 4. Acquérir par un mensonge : erlügen. — 5. Glisser entre : entgleiten et le datif. — 6. Tôt ou tard : früher oder später. — 7. Traduisez par le pl.-q.-parf. du subj. — 8. Propager le règne : das Reich erweitern.

vice; on disait[1] partout que vous êtes très-obligeant; je voulais m'en convaincre, mais je m'(en) fiai à votre réputation.

4. La roue de ma voiture a passé[2] sur ton levrier et lui a écorché la cuisse : il est resté couché sur place un instant; on le croyait mort; il n'en est rien, heureusement.

5. Le pauvre animal criait comme si on l'avait coupé en morceaux[3]; il s'est relevé ensuite et il a couru à toutes jambes[4] vers l'étang où il s'est rafraîchi.

6. Le héros de la pièce se plongea[5] un poignard dans le cœur; on accourut[6] pour le sauver de[7] lui-même; mais son âme s'échappa avec son sang.

7. On convoqua[8] le peuple sur la place publique : le danger imminent rendit les orateurs plus circonspects et inspira[9] de sages résolutions.

8. O mères, les fils que vous avez enfantés sont les soutiens et la gloire de la patrie. L'édifice que leurs mains ont élevé ne sera point renversé par des mains criminelles!

9. Napoléon Ier naquit à Ajaccio le 15 août 1769 et mourut à Sainte-Hélène le 5 mai 1821 : dates mémorables dans l'histoire générale des temps modernes[10].

---

1. Tournez : « il s'appelait. » — 2. Passer : fahren. — 3. Couper en morceaux : in Stücke hauen. — 4. A toutes jambes : in aller Eile. — 5. Plonger, enfoncer : stoßen. — 6. Accourir : herbeilaufen. — 7. De : vor, dat. — 8. Convoquer : zusammenrufen. — 9. Inspirer : eingeben. — 10. Temps modernes : neuere Zeiten.

VIII

VERBES DE LA CONJUGAISON MIXTE.

Terminaisons de la conjugaison faible; modification de la voyelle radicale.

15 verbes.

1. Je brûlais du désir[1] de t'accorder tout ce que tu pouvais souhaiter, ô mon enfant! mais il fallait en être digne.

2. Le médecin cita[2] les noms de toutes les maladies qu'on peut avoir en pareil cas, mais il ne reconnut pas le mal dont[3] je souffrais.

3. A quoi pensais-tu lorsque tu écrivis cette lettre singulière? Pourquoi t'adressais-tu à un étranger plutôt que de recourir[4] à ton meilleur ami, à ton père?

4. L'acte que l'on te proposait[5] était contraire[6] à l'honneur et ne t'aurait rapporté que[7] des désagréments et de la honte.

5. Je puis me flatter de t'avoir donné le meilleur conseil; tu dois le suivre et tu t'en[8] trouveras bien.

6. Nous devons aller demain à la campagne pour faire les vendanges; voulez-vous venir? Je le veux bien[9], si je ne vous suis pas importun.

7. Que vous a-t-on fait, pauvre enfant? Vous versez des larmes bien amères. Avez-vous perdu quelqu'un

1. Brûler du désir : vor Begierde brennen. — 2. Citer : ḥernennen. — 3. Dont : woran. — 4. Recourir : seine Zuflucht... dativ ...zu nehmen. — 5. Proposer : antragen. — 6. Être contraire : zuwiderlaufen. — 7. Rapporter : einbringen; — que de : lauter. — 8. En : daran. — 9. Bien :

de vos proches? Je savais qu'un malheur vous menaçait [10]; ce malheur serait-il arrivé [11]?

8. Puissé-je vous épargner cette douleur cuisante!
Puissé-je ramener votre cœur à de plus nobles sentiments et réveiller enfin votre conscience endor-
mie [12]!

9. On doit t'apporter bientôt la confirmation de ce
funeste [13] événement; il faut [14] que tu l'entendes sans
faiblesse.

10. Tout ce que je pouvais faire, je l'ai fait. A [15] toi
maintenant de prouver que tu es digne de mener
cette entreprise à bonne fin.

11. Guillaume Tell, au moment de décocher [16] la
flèche, après avoir inutilement imploré la pitié du
bailli, ne dit que ces paroles : « Il (le) faut [17]. »

12. A quelle heure le courrier arrivait-il le mois
dernier? A trois heures et demie du soir.

13. Dites-lui qu'il peut [18] venir; que je voudrais [19]
bien le voir.

14. J'avais pensé à vous quelques instants avant
que vous fussiez entré. Tenez, voilà [20] vos pa-
piers; ils sont en ordre; vous le reconnaîtrez vous-
même.

---

gern. — 10. Menacer : brohen; datif. — 11. Arriver : geschehen; com-
biner ce verbe avec sollen. — 12. Endormi : schlafend. — 13. Funeste :
traurig. — 14. Falloir, tournez : tu dois, müßen. — 15. A : an; datif. — 16. Décocher : abschnellen, absenden. — 17. Tournez : « cela doit
être. — 18. Pouvoir : können. — 19. Vouloir : mögen — 20. Tournez :
ici sont.

ADVERBES ET CONJONCTIONS.

I

ADVERBES DE LIEU ET DE TEMPS.

Constructions diverses.

1. Celui qui veut faire une chose dit : « Aujourd'hui, à présent, à l'instant même ; » mais celui qui redoute la peine[1] répond toujours : « Demain, la semaine prochaine, dans un mois. »

2. Quoique[2] Tilly ait été vaincu par Gustave-Adolphe, il n'en a pas moins été un habile général.

3. Je vis alors cet Alexandre qui depuis a rempli la[3] Grèce et l'univers du bruit de ses exploits. Il aimait la gloire parce qu'il savait sans doute qu'il en était digne.

4. Ne pleurez pas au souvenir de[4] ceux qui vous sont chers et que la mort a moissonnés[5], mais réjouissez-vous en esprit ; car, là où ils demeurent maintenant, ils goûtent[6] un bonheur éternel.

5. Puisque vous prétendez être venu pour nous voir, pourquoi ne restez-vous pas plus longtemps ? Pourtant je ne veux pas vous retenir si vos affaires vous appellent ailleurs[7]. Allez, mais revenez bientôt, n'est-ce pas ?

---

1. Redouter la peine : vor Mühe zurückbeben. — 2. Quoique : obgleich avec l'indicatif. — 3. Supprimez l'article, comme devant les noms neutres de pays. — 4. Au souvenir de : beim Andenken an ; acc. — 5. Moissonner : niedermähen. — 6. Goûter : genießen ; acc. — 7. Accompagnez l'adverbe

6. Je vous attendrai à la maison[8] jusqu'à ce qu'il[9] sonne[10] trois heures. Hier, avant que vous fussiez venu, j'avais fait quelques préparatifs[11]; mais cela ne sera pas nécessaire aujourd'hui. Quand viendrez-vous! Annoncez-le-moi[12], je vous prie.

7. Votre frère est-il enfin arrivé? — Non; je ne sais quand il arrivera.

8. Ce bataillon a marché en avant, en arrière, à gauche, à droite; le colonel a été fort content[13] de sa tenue; cependant le défilé n'a pas été aussi satisfaisant que la manœuvre.

9. Lorsque nous allions en amont[14] sur cette rivière, notre barque était plus facile à diriger qu'en allant en aval. En effet, le courant est si rapide qu'on a besoin[15] d'une extrême prudence pour ne pas chavirer.

10. On nous a éveillés à neuf heures seulement, parce que nous nous étions couchés[16] fort tard. Nous n'avons appris par cœur[17] que quelques vers et nous les avons récités[18] avant le déjeuner; ce soir nous réparerons le temps perdu.

11. Vous entendrez bientôt parler[19] de ce jeune homme. Il est intelligent et actif; il nous fera honneur à tous.

12. Pourquoi n'êtes-vous pas venu plus tôt? Vous auriez entendu une musique ravissante; mais puisque vous êtes là, quoique un peu tard, on va[20] recommencer pour vous.

---

de ḥin. — 8. A la maison : zu Hauſe. — 9. Jusqu'à ce que : bis; indic. — 10. Sonner : ſchlagen. — 11. Faire des préparatifs : Vorkehrungen treffen. — 12. Annoncer : melden. — 13. Content de : zufrieden mit. — 14. Aller en amont : hinauffahren; en aval : hinabfahren. — 15. Avoir besoin : bedürfen. — 16. Se coucher (aller au lit) : zu Bette gehen. — 17. Apprendre par cœur : auswendig lernen. — 18. Réciter : auf- ou herſagen. — 19. Ne traduisez pas ce verbe. — 20. On va recommencer, tournez : on recommencera.

II

CONJONCTIONS.

Inversion et attraction des verbes.

1. Quand le Tibre[1] débordait[2], quand (la) famine et (la) peste sévissaient, les Romains s'écriaient aussitôt : « Aux[3] lions les chrétiens ! »

2. Cependant ceux-ci imploraient[4] Dieu pour leurs persécuteurs, alors que la foule se pressait pour contempler leur trépas.

3. Fiers de leurs richesses, les païens oubliaient le Dieu qui les avait créés.

4. Privés de[5] tout, dépouillés de leurs biens, les chrétiens priaient Dieu de pardonner à ceux qui les envoyaient au martyre.

5. Dans la bonne fortune[6] on oublie aisément la mauvaise.

6. Pour un service rendu tu (en) réclames[7] dix ; les bienfaiteurs intéressés ont bien rarement droit à la reconnaissance.

7. Contre un tel cavalier le cheval le plus fougueux[8] se cabre et rue inutilement ; il doit le porter sans relâche[9].

---

1. Le Tibre : die Tiber. — 2. Déborder : aus den Ufern treten. — 3. à : vor, accus. — 4. Implorer : anflehen. — 5. Privé : barbend an, et le datif. — 6. Bonne fortune : das Glück ; mauvaise fortune : das Unglück. — 7. Réclamer : fordern avec suppression de en. — 8. Fougueux : wild. — 9. Sans relâche : rastlos ; commencez par ce mot et

8. C'est dans les pays les plus pauvres que [10] fleurissent les plus belles vertus et que la foi trouve ses plus fervents [11] apôtres.

9. Hier nous avons fait sur le lac une délicieuse promenade [12]. L'air était frais [13]; un vent léger ridait la surface des eaux [14] et nous apportait [15] les parfums des fleurs.

10. Demain nous gravirons [16] la montagne; un déjeuner frugal nous attend. Nous herboriserons [17] ensuite dans la plaine.

11. C'est mon père et non mon oncle que [18] l'on a invité à ce banquet; il voulait décliner [19] cette invitation, mais nous ne l'avons pas souffert.

12. C'est à mon meilleur ami [20] que j'ai confié ce secret important; il ne le révèlera [21] pas, j'en suis certain.

13. Ce sont les grands que l'on flatte et non les petits; si l'on aimait la simplicité, la justice et la sobriété, le contraire aurait lieu.

14. Cet homme, aujourd'hui si pauvre et si humble, nous (l')avons vu jadis riche et orgueilleux; ainsi passent les grandeurs [22] de ce monde.

---

faites l'inversion. — 10. Tournez : dans les pays, etc. — 11. Fervent : eifrig. — 12. Promenade : die Spazierfahrt. — 13. Frais : frisch; commencez par ce mot. — 14. Surface des eaux : die Wasserfläche. — 15. Apporter : entgegen wehen. — 16. Gravir : hinaufsteigen. — 17. Herboriser : botanisiren. — 18. Ne traduisez pas « c'est que. » — 19. Décliner : abschlagen. — 20. Même tournure que la précédente. — 21. Révéler : ausplaudern. — 22. Traduisez par le singulier.

PRÉPOSITIONS.

I

PRÉPOSITIONS NOMINALES AVEC LE GÉNITIF.

1. En vertu de ses pleins pouvoirs[1], l'arbitre eut bientôt tranché[2] la question.

2. Quand on se promène[3] le long de ce ruisseau, l'on sent une fraîcheur délicieuse mêlée aux plus doux parfums des roses et des œillets.

3. Si vous parlez au nom des principes qui constituent la société, que vos paroles soient conformes à la justice et à la vérité.

4. Au lieu de vaines promesses et de discours fallacieux, agissez en homme droit et sincère; vous aurez droit alors à[4] mon entière approbation.

5. Malgré les obstacles presque insurmontables de cette entreprise, nous avons bravement mis la main à l'œuvre et les difficultés ont disparu d'elles-mêmes.

6. Les femmes des Cimbres exhortaient pendant le combat leurs maris et leurs frères à une résistance[5] désespérée. Au lieu de larmes et de cris de détresse, elles faisaient[6] entendre des cris formidables pour épouvanter les Romains.

7. Ce que j'ai fait nonobstant tes justes observations, je suis prêt à le renouveler et suis sûr d'avance que tu m'approuverais[7] cette fois.

---

1. Pleins-pouvoirs : die Vollmacht, sing. — 2. Trancher la question : die Frage löfen. — 3. Se promener : wandeln. — 4. Avoir droit à : ein Recht auf etwas (accus.) haben. — 5. Résistance : die Gegenwehr. — 6. Faire, à côté d'un infinitif : laffen. — 7. Approuver : einem zu etwas

8. A cause de moi, de toi aussi, à cause de nos proches et de la plupart de nos amis, Ernest a affronté les plus grands dangers, bravé la haine des méchants, soutenu d'effroyables luttes; et ta reconnaissance serait au-dessous du service rendu? Je n'ose le croire.

9. C'est au moyen de l'obole [8] quotidienne, hebdomadaire, mensuelle ou annuelle des chrétiens que l'Église réalise des sommes importantes pour entretenir ses missionnaires au delà des mers.

10. De ce côté de la rivière sont des bois touffus, au delà de gras pâturages.

11. Au moyen de sa haute intelligence, l'homme a dompté la foudre; sa pensée plane au-dessus de la matière inerte et en [9] fait l'instrument docile de sa volonté savante.

12. Pour un motif futile vous mettriez-vous en colère [10]? J'ai une plus haute idée de votre caractère et de votre sagesse.

II

PRÉPOSITIONS SUIVIES DU DATIF.

1. Les bonnes pensées émanent du cœur, comme les mauvaises : les unes le réjouissent et le fortifient; les autres le troublent et le corrompent.

2. Près de toi je retrouve la paix du cœur et ces nobles plaisirs que je n'ai jamais goûtées près d'amis trompeurs et malintentionnés.

3. Hors de toi, ô sainte religion de mes pères, que

(datif) Beifall zollen. — 8. L'obole : ber Pfennig. — 9. En : auš ihr (*ex eâ*). — 10. Se mettre en colère : in Zorn gerathen. Combinez avec le prét. subj. de follen.

serais-je ici-bas au milieu d'un monde frivole et inconstant?

4. C'est de toi que je veux emprunter désormais ma force et mon espérance; c'est toi seule qui me rendras digne de remplir ma mission terrestre et d'entrer dans la vie bienheureuse.

5. Après un orage des plus affreux le ciel se rassérénit tout à coup, et le soleil dora de[1] ses feux éclatants le bord de l'horizon.

6. D'après la tradition, la Suisse, ce pays si cultivé, si peuplé aujourd'hui, fut autrefois le séjour des bisons[2], des ours et des bêtes féroces[3].

7. Je pars demain pour Bruxelles[4] et dans six jours pour l'Allemagne. Si vous venez[5] à Berlin, dans quinze jours, nous passerons[6] une semaine ensemble.

8. Contrairement à mon ordre formel[7] vous vous êtes occupé de[8] matières auxquelles vous auriez dû rester étranger. Il y a trois manières de perdre son temps : ne rien faire, mal faire et faire autre chose qu'on ne doit[9]. Vous avez choisi la plus commode pour vous.

9. A part[10] toi, Louis est le garçon que j'aime le plus[11]. Il le sait bien, et, comme toi, il se montre digne de mon affection.

10. Outre bei, von, aus, nach, les autres prépositions qui régissent toujours le datif sont : nebst, seit, sammt, mit, zu. Je n'en sache[12] pas d'autres. Grave-les dans ta mémoire.

---

1. Dorer de : vergolben mit. — 2. Bison : Auerochs. — 3. Féroce : reißend. — 4. Bruxelles : Brüssel. — 5. Venir (se rendre) : sich begeben. — 6. Passer : zubringen. — 7. Formel : ausdrücklich. — 8. De : mit. — 9. Devoir : sollen. — 10. A part : außer. — 11. Le plus : am meisten. — 12. Sache : wissen au prét. subj.

III

PRÉPOSITIONS SUIVIES DE L'ACCUSATIF.

1. Montesquieu a dit qu'il faut tout faire pour le peuple et rien par lui ; cette vérité se justifie[1] par l'histoire de tous les temps.

2. Pour toi j'ai fait les plus grands sacrifices[2] : j'ai accepté la misère et l'humiliation, afin de les détourner de ta tête.

3. Le long du chemin, nous vîmes une quantité de voitures qui se rendaient au marché. L'une d'elle, en tournant une borne[3], fut renversée[4] : hommes et denrées furent lancés au loin.

4. Tu as perdu[5] tout ton troupeau, disait le loup hypocrite[6] ; tu me remplis de commisération et je voudrais adoucir ton malheur[7].

5. Il s'agit de[8] ton père infortuné, de ta mère qui gémit dans les larmes, tandis que ton cœur ingrat reste insensible à[9] tant de désolation.

6. Virginie leva les yeux au[10] ciel et s'abîma dans les flots.

7. La fureur du tyran redoubla contre[11] nous lorsqu'il vit qu'on osait lui tenir tête[12]. Sa force s'évanouit dès que nous eûmes retrouvé notre énergie première.

8. Sans[13] crainte et sans regret nous abandonnâmes ces lieux où la maladie et la mort exerçaient[14] les plus affreux ravages.

---

1. Justifier : beurkunden. — 2. Faire un sacrifice : ein Opfer bringen. — 3. Tourner une borne : um einen Marktstein fahren. — 4. Renverser : umstürzen. — 5. Perdre : kommen um. — 6. Hypocrite : gleißnerisch. — 7. Adoucir le malheur : die Schmerzen lindern. — 8. Il s'agit de : es handelt sich um. — 9. A : gegen. — 10. A : gen. — 11. Contre : wider. — 12. Tenir tête : die Spitze bieten. — 13. Sans : sonder. — 14. Exer-

9. L'avocat, dont la mordante éloquence s'est exercée contre moi avec tant de liberté, ne se doutait guère[15] qu'il perdrait sa cause, alors[16] qu'il la croyait si sûre.

10. Par quel charme as-tu enchaîné cet esprit rebelle et sceptique? — Par la puissance de la vérité et de l'évidence.

11. Sans ton intervention la querelle s'envenimait[17]; j'ai réussi[18] à l'apaiser[19] sans insultes ni flatterie pour personne.

12. Les prépositions qui régissent l'accusatif, et qu'il ne faut[20] pas employer sans lui, sont : burd), für, gegen, oğne, fonber, um, wiber.

D

PRÉPOSITIONS SUIVIES DU DATIF OU DE L'ACCUSATIF.

1. La lettre que nous avons écrite aujourd'hui à votre père le remplira de satisfaction[1]; il verra que ses fils pensent à lui en travaillant avec ardeur[2].

2. Les fleurs que nous avons cueillies sur[3] le bord[4] du lac sont déja fanées.

3. Vous attendez[5] vainement votre ami à Dresde; il est encore à Francfort-sur-le-Mein et n'arrivera pas de sitôt; je vous l'affirme sur mon honneur.

4. Les agneaux bondissaient sur la prairie et Louis

---

cer : anridjten. — 15. Ne se douter guère : es faum vermuthen. — 16. Alors que : ba. — 17. Tournez : une plus grande querelle commençait. — 18. Je réussis : es gelingt mir. — 19. Apaiser : ftillen. — 20. Falloir : bürfen.

1. Satisfaction : bie Zufriebenheit. — 2. Avec ardeur : fleißig. — 3. Sur : an. — 4. Bord : ber Ranb. — 5. Attendre : warten auf, accus.

courait après eux, tandis qu'Ernest, puni par ses parents, était assis tout seul dans[6] sa chambre.

5. Calypso, dans[6] son île, ne pouvait oublier Ulysse.

6. Ce malheureux enfant travaille tout de travers[7]; il attelle toujours les bœufs derrière la charrue et s'étonne de ne pas avancer[8].

7. Le soleil se levait[9] radieux derrière la chaîne des montagnes[10] que nous avions gravies[11] la veille et qui alors étaient inondées de lumière.

8. Derrière le cavalier trottait un compagnon fidèle : l'ennui[12].

9. Nous entrâmes dans le fourré; le lièvre s'y[13] tenait caché; mais nos chiens le firent lever[14] et il reprit sa course dans la campagne.

10. Celui qui voyage en un pays étranger sans en connaître la langue ne va pas en[15] voyage, mais à[16] l'école.

11. On retrouve au théâtre les passions qui sont le fonds de la vie réelle.

12. Assis[17] auprès de mon oncle, je lui racontais mes aventures, mes succès et mes revers ; il m'écoutait avec une bienveillance marquée[18].

13. Si vous mettez le mensonge à côté de la vérité, vous faites ressortir[19] l'un et vous compromettez[20] l'autre.

14. Au-dessus de la tête de Damoclès était sus-

— 6. Dans : auf. — 7. Travailler tout de travers : lauter verkehrtes Zeug machen. — 8. Avancer : vorwärts kommen. — 9. Se lever : aufgehen. — 10. Chaîne de montagnes : Gebirgskette (bie). — 11. Gravir : erklimmen. — 12. L'ennui : bie Langeweile. — 13. Y : barin. — 14. Faire lever : auffcheuchen. — 15. En : auf et l'accus. — 16. A : in. — 17. Assis : fitzenb. — 18. Marqué : fichtbar. — 19. Tournez : « Ainsi ressort par là davantage. » Par là : baburch ; ressortir : herausstechen. — 20. Compro-

pendue à[21] un crin léger une épée lourde et tranchante.

15. Nous passâmes par [22] la ville de Riom pour nous rendre à Clermont.

16. Ne va jamais parmi les hommes sans te méfier de toi-même; l'apparence trompe, et l'on peut confondre aisément le bien et le mal dont ils sont les auteurs ou les prosélytes[23].

17. Parmi les animaux le lion est le plus redoutable et le plus fier; parmi les oiseaux l'aigle règne sans rival. Les griffes de l'un et les serres de l'autre donnent la mort en un instant.

18. Le chameau s'avança devant le trône de Jupiter; le cheval trembla devant lui.

19. Nous naviguâmes entre la terre et le ciel pendant deux mois et demi; puis nous entrâmes[24] entre deux murailles de rochers[25] escarpées qui menaient au port.

20. Les prépositions an, auf, hinter, in, neben, über, unter, vor, zwischen, modifient [26] leur régime d'après l'action du verbe.

mettre : gefährben. — 21. A : an. — 22. Par : über. — 23. Prosélyte : ber Anhänger. — 24. Entrer : einlaufen. — 25. Muraille de rochers : bie Felswand. — 26. Modifier : verändern.

II

ANECDOTES, RÉCITS, NARRATIONS.

Belle réponse d'Agrippinus.

Florus demandait[1] un jour à Agrippinus s'il devait[2] aller au[3] théâtre avec Néron et danser avec lui. « Va, lui dit Agrippinus!» — «Et toi, répondit Florus, pourquoi n'y viens-tu pas avec nous? »— « C'est, ajouta l'autre, que je[4] n'ai pas cru devoir mettre comme toi la chose en délibération[5]. »

ÉPICTÈTE.

⌗

Vanité de Malherbe.

Malherbe se louait très-volontiers, et feu[1] M. Maynard m'a raconté plus d'[2]une fois que, Mme la prin-

---

1. Demander : fragen, acc. — 2. S'il devait : ob er dürfte. — 3. Au : in's. — 4. C'est que je ne : eben weil ich nicht. — 5. Devoir mettre en délibération : in Berathung bringen .... follen.

1. Feu : felig; invariable après le subst. — 2. Plus de : mehr als; —

cesse de Conti disant[3] à ce bon homme, qui l'était allé voir[4] : « Je veux vous montrer les plus beaux vers du monde, que vous n'avez point encore vus; » il[5] lui répondit brusquement et avec émotion[6] : « Pardonnez-moi, madame, je les ai vus; car, puisqu'ils sont les plus beaux du monde, il faut[7] nécessairement que ce soit moi qui les aie faits. »

COSTAR (Lettres).

Flatterie délicate de Mignard.

Mignard savait[1] flatter, même sans pinceau. Il venait de[2] faire pour la[3] dixième fois le portrait de Louis XIV. « Mignard, vous me trouvez vieilli? dit le roi. — Sire, je vois quelques victoires de plus sur le front de Votre Majesté. »

DUCLOS (Mémoires).

Bon mot de Louis XIV.

Le roi Louis XIV plaisantait rarement; c'est ce qui fait que[1] ses moindres mots ont été recueillis. Duguay-Trouin lui rendait compte[2] un jour d'une de

plus d'une fois : mehrmals. — 3. Employez le prétérit. — 4. Tournez : qui l'avait visitée : befuchen. — 5. Il : jener. — 6. Avec émotion : mit einem gewiffen Affect. — 7. Il faut que : « je dois (muß) ».

1. Suppléez zu dev. l'inf. — 2. Venir de : eben, adv. — 3. Pour là : zum.

1. C'est ce qui fait que : beßwegen. — 2. Rendre compte : barftellen.

ses plus glorieuses batailles; au[3] nombre des vaisseaux qui formaient son escadre se trouvait la frégate *la Gloire.* « J'ordonnai, dit-il, *à la Gloire* de me suivre. — Et elle vous fut fidèle, » reprit[4] Louis XIV.

F. Grimm (*Correspondance*).

Autre réponse de Louis XIV.

Un des valets de chambre du roi le priait un soir de faire recommander à[1] M. le premier président un procès qu'il avait[2] contre son beau-père, et lui disait en le pressant : « Hélas! Sire, vous n'avez qu'à dire une parole. » — « Hé! lui dit le roi, ce n'est pas de quoi[3] je suis en peine[4]; mais, dis-moi, si tu étais à la place de ton beau-père, serais-tu bien aise que[5] je la disse cette parole? »

L'abbé de Choisy (*Mémoires*).

Madame Geoffrin.

« Si vous trouvez, disait Mme Geoffrin à ses amis, des gens qui me haïssent, gardez-vous[1] avec soin de

— 3. Au : in ber. — 4. Reprit : nahm... wieber auf.

1. A : bei. — 2. Avoir (conduire) : führen. — 3. Ce n'est pas de quoi : barum. — 4. Être en peine : bekümmert seyn. — 5. Serais-tu bien aise que : follte es bich benn freuen, wenn.

1. Se garder : sich hüten.

leur dire le peu de bien que vous savez de moi : ils m'en[2] haïraient davantage; ils en seraient plus tourmentés, et je voudrais[3] qu'ils ne le fussent pas. »

D'ALEMBERT (*Lettres*).

Malice de Voiture.

On cite[1] un trait assez malicieux de Voiture. Sous ombre[2] que le comte de Guiche lui avait dit un jour que le bruit courait[3] qu'[4]il était marié, et lui demanda ce qui en[5] était, il alla une fois le réveiller à deux heures après minuit, disant que c'était pour une affaire pressée : « Eh bien! qu'y a-t-il[6]? » lui demanda le comte en se frottant les yeux. — « Monsieur, répond très-sérieusement Voiture, vous me fîtes l'honneur de me demander il y a[7] quelque temps si j'étais marié; je viens vous dire que je le suis. »

TALLEMANT (*Mémoires*).

La harangue interrompue.

Un magistrat s'étant présenté[1] à Henri IV sur l'[2]heure de son dîner, comme il eut commencé sa harangue par ces mots : « Agésilaüs, roi de Lacé-

—

— 2. En : barum. — 3. Je voudrais : ich möchte.

1. Citer : erzählen. — 2. Sous ombre : unter bem Vorwand. — 3. Que le bruit courait : bas Gerücht gehe herum. — 4. Supprimez « que » et empl. le subj. — 5. En : baran. — 6. Qu'y a-t-il : was gibt's. — 7. Il a : vor.

1. Faites une prop. subord. commençant par als. — 2. Sur la :

démone, Sire, — » le roi, ayant douté[3] que cette harangue serait un peu longue, en l'interrompant lui dit : « Ventre-saint-gris[4] ! j'ai bien ouï[5] parler de cet Agésilaüs-là ; mais il avait dîné, et je n'ai pas dîné, moi. »

L'ÉTOILE (Journal).

Les lunettes grossissantes.

Louis XV étant allé[1] voir les nouveaux bureaux de la guerre, entra partout, et, dans celui de M. Dubois, ayant trouvé[2] une paire de lunettes, mit la main dessus : « Voyons, dit le roi, si elles valent[3] celles dont je me sers. » Un papier apprêté exprès, suivant les apparences, se trouva sous[4] sa main. C'était une lettre dans laquelle entrait[5] un éloge pompeux du monarque et de son ministre le duc de Choiseul. Sa Majesté, rejetant[6] avec précipitation les lunettes, dit : « Elles ne sont pas meilleures que les miennes, elles grossissent trop les objets. »

DUCLOS.

aur. — 3. Ayant douté : tournez « présuma » : vermuthen. — 4. Ventre-saint-gris : ei ber taufenb ! — 5. Rendez ce partic. par l'inf.

1. Prétérit de l'indic. prop. principale. — 2. « Il trouva. » — 3. Valoir : fo gut fehn. — 4. Sous : bei. — 5. Tournez « qui contenait. » — 6. Rejeter : wegwerfen. Proposition subordonnée, commençant par inbem, avec inversion.

M. de la Monnaye.

M. de la Monnaye joignait[1] aux manières[2] les plus aimables une malice d'esprit[3] que son extérieur rendait plus piquante. Il était fort gros. Un jour, au parterre de l'Opéra, quelqu'un, incommodé de sa taille et de son voisinage, dit tout haut[4] : « Quand on est fait[5] d'une certaine manière, on ne devrait pas venir ici. » — « Monsieur, lui répondit doucement le président, il n'est pas donné[6] à tout le monde d'être plat. »

F. Grimm.

M. de Mortemart.

M. de Mortemart n'était pas content du cardinal Mazarin, ainsi que M. de Liancourt, et ils ne lui rendaient aucuns devoirs[1]. Néanmoins, à[2] la mort de son père, M. de Liancourt, plus poli que M. de Mortemart, lui proposa[3] d'aller rendre visite au cardinal. « Il est fort affligé, lui disait-il. » — « Il a raison[4], reprit[5] Mortemart; c'est peut-être le seul homme qui pouvait mourir sans qu'il en héritât[6]. »

L'Abbé de Choisy.

1. Joindre à : verbinden mit. — 2. Les manières : das Wesen, sing. — 3. Malice d'esprit : die Schärfe des Witzes. — 4. Tout haut : ganz laut. — 5. Fait : gebaut, gestaltet. — 6. Donné : vergönnt.

1. Rendre ses devoirs : feine Aufwartung machen. — 2. A : bei. — 3. Proposer : vorschlagen. — 4. Avoir raison : Recht haben. — 5. Reprendre : entgegnen. — 6. Hériter de quelqu'un : Einen beerben.

Réponse d'Aristippe.

Un jour, comme il passait à[1] Corinthe, il s'éleva tout d'un coup une violente tempête ; Aristippe avait[2] grand'peur de périr. Quelqu'un de ceux qui étaient dans le même vaisseau ne put s'empêcher de[3] se moquer de lui. « Nous autres ignorants, dit-il, nous ne craignons rien ; et vous autres grands philosophes, pourquoi tremblez-vous si fort[4] ? » — « C'est, répondit Aristippe, que nous ne craignons pas pour la même âme, et qu'il y a[6] bien de la différence entre ce que nous avons à perdre. »

FÉNELON.

Le président de Harlay.

Le duc de Rohan sortant[1] malcontent de son audience, vif et brusque comme il était, l'avait prié de ne le point conduire[2], et, après quelques compliments, crut avoir réussi[3]. Dans cette opinion il descend le degré, disant rage et injure[4] de lui à son intendant qu'il avait mené avec lui. Chemin faisant[5], l'intendant tourne la tête et voit le premier président sur ses[6] talons. Il s'écrie pour avertir son maî-

---

1. Passer à : an, dat. vorbeifahren (*prætervehi*). — 2. Avoir : schwe-ben in, dat. — 3. S'empêcher de : umhin können. — 4. Si fort : so sehr. — 5. C'est que : deßwegen weil. — 6. Il y a : es gibt.

1. « Qui sortait. » — 2. Conduire : begleiten. — 3. « Que cela lui était réussi ; » réussir : gelingen. — 4. Rage et injure de : Zeter und Weh über, acc. — 5. Chemin faisant : unterwegs. — 6. Sur ses : dicht

tre. Le duc de Rohan se retourne, et se met à[7] complimenter pour faire remonter le premier président. « Oh! monsieur, lui répond celui-ci, vous dites de si belles choses, qu'il n'y a pas moyen[8] de vous quitter; » et en effet, il ne le quitta point qu'il ne l'eût vu en carrosse et partir[9].

Saint-Simon.

❈

Un courtisan pris au piége.

Un matin, Louis XIV dit au maréchal de Grammont : « Monsieur le maréchal, lisez, je vous prie, ce petit madrigal, et voyez si vous en avez jamais vu un si impertinent[1]. Parce qu'on sait que depuis peu j'aime les vers, on m'en[2] apporte de toutes les façons. » Le maréchal, après l'avoir lu, dit au roi : « Votre Majesté juge divinement bien de toutes choses[3] : il est vrai que voilà[4] le plus sot et le plus ridicule madrigal que j'aie jamais lu. » Le roi se mit à rire et lui dit : « N'est-il pas vrai que celui qui l'a fait est bien[5] fat? — Sire, il n'y a pas moyen de lui donner un autre nom. — Eh bien! je suis ravi, dit le roi, que vous m'ayez parlé si bonnement[6]. C'est moi qui l'ai fait. — Ah! Sire, quelle trahison[7]! Que Votre Majesté me le rende, je l'ai lu brusquement. — Non, monsieur le maréchal, les premiers sentiments sont

an ben. — 7. Se mettre à : anfangen. — 8. Il n'y a pas moyen : es ift unmöglich). — 9. Partir : abfahren.

1. Impertinent : ſinnlos. — 2. En : welche. — 3. De toutes choses : über Alles. — 4. Il est vrai que voilà : in der That, da ift... — 5. Bien, tournez : « un grand. » — 6. Bonnement : einfältig. — 7. Trahison :

toujours les plus naturels. » Le roi a fort ri de cette folie[8], et tout le monde trouve que voilà la plus cruelle petite chose[9] que l'on puisse faire à un vieux courtisan.

Mme DE SÉVIGNÉ.

❖

Tours ingénieux.

Un mot peut être ingénieux[1] par une allusion, lorsque, ce qu'on dit fait entendre[2] ce qu'on ne dit pas. Le cardinal de Richelieu, rencontrant le duc d'Épernon sur l'escalier du Louvre, lui demanda s'il n'y avait rien de nouveau : « Non, dit le duc, sinon que vous montez et que je descends[3]. »

Racine avait été enterré à Port-Royal, et le comte de Rouey dit : « De son vivant[4] il ne se serait pas fait enterrer là[5]. »

Un bon mot[6] n'est quelquefois qu'une réponse fort simple, mais à laquelle on ne s'attendait[7] pas. Le cardinal de Richelieu ayant rétabli la pension[8] de Vaugelas, lui dit : « Vous n'oublierez pas dans le dictionnaire le mot de pension[8]. — Non, Monseigneur, répondit Vaugelas, et encore moins celui de reconnaissance. »

CONDILLAC.

bie Treulofigkeit. — 8. De cette folie : über biefen tollen Streich.— 9. Chose : bie Neckerei (niche).

1. Ingénieux : finnreich. — 2. Faire entendre : zu verftehen geben. — 3. Descends : rendez ce mot par l'adv. herunter. — 4. De son vivant : Zeitlebens. — 5. Enfermer, reléguer. — 6. Un bon mot : ein witziger Einfall. — 7. S'attendre à : gefaßt fehn auf; accus. — 8. Pension : ber Gnabengehalt.

Beau trait de Charles XII.

Le colonel de Reichel, après un long combat, accablé[1] de veilles et de fatigue[2] s'étant jeté sur un banc pour prendre une heure de repos, fut appelé pour monter sa garde sur le rempart. Il s'y[3] traîna en maudissant l'opiniâtreté du roi et tant de fatigues si intolérables et si inutiles. Le roi qui l'entendit courut à lui[4], et se dépouillant de son manteau qu'il étendit devant lui : « Vous n'en pouvez plus, lui dit-il, mon cher Reichel ; j'ai dormi une heure ; je vais[5] monter la garde pour vous ; je vous éveillerai quand il en sera temps. » Après ces mots, il l'enveloppa malgré lui, le laissa dormir et alla monter la garde[6].

VOLTAIRE.

Le serpent d'Esculape.

Les serpents en général sont consacrés à ce dieu, soit parce que la plupart ont des propriétés dont la médecine fait usage, soit pour d'autres raisons[1] qu'il est inutile de rapporter. Mais Esculape paraît chérir spécialement ceux qu'on trouve dans le territoire d'Épidaure, et dont la couleur tire sur le jaune[2]. Sans venin, d'un

---

1. Accablé : abgemattet. — 2. Fatigue : die Strapazen ; plur. — 3. Y : dahin. — 4. Courut à lui : lief auf ihn zu. — 5. Je vais : ich will. — 7. Monter la garde : auf die Wache ziehn.

1. Pour une raison : aus einem Grund. — 2. Tirer sur le jaune : in's

caractère doux et paisible, ils aiment à[3] vivre familière-
ment avec les hommes. Celui que les prêtres entretien-
nent dans l'intérieur du temple se replie[4] quelquefois
autour de leur corps, ou se redresse sur sa queue
pour prendre la nourriture[5] qu'on lui présente dans[6]
une assiette. On le laisse rarement sortir : quand on lui
rend sa liberté, il se promène[7] avec majesté dans les
rues ; et comme son apparition est d'un heureux pré-
sage, elle excite une joie universelle. Les uns le respectent, parce qu'il est[8] sous la protection de la
divinité tutélaire du lieu ; les autres se prosternent
en sa présence, parce qu'ils le confondent avec le
dieu lui-même.

BARTHÉLEMY (Anacharsis).

Les catacombes.

Il y avait longtemps que j'errais[1] ainsi ; mes forces
commençaient à s'épuiser. Je m'assis à un carrefour
solitaire de la cité des morts. Je regardais[2] avec inquiétude la lumière des lampes presque consumée
qui menaçait de s'éteindre. Tout à coup une harmonie, semblable au chœur lointain des esprits célestes,
sort[3] du fond de ces demeures sépulcrales ; ces di-
vins accords expiraient et renaissaient[4] tour à tour ;
ils semblaient s'adoucir encore en s'égarant dans les

Gelbe ziehen. — 3. Aimer à : gern. — 4. Se replier : sich schlingen. —
5. La nourriture : das Futter. — 6. Présenter dans : barreichen auf, dat.
— 7. Se promener dans : einherwandeln auf, dat. — 8. Être : stehn.

1. Il y avait longtemps que j'errais : schon lange irrte ich. — 2. Regarder : zusehen ; dat. — 3. Sortir de : hervorsteigen aus ; dat. — 4. Ex-

voûtes tortueuses du souterrain. Je me lève, et je m'avance vers[5] les lieux d'où s'échappent les magiques concerts[6] ; je découvre une salle illuminée. Sur un tombeau paré de fleurs, Marcellin célébrait le mystère[7] des chrétiens : de jeunes filles, couvertes de voiles blancs, chantaient au pied de l'autel : une nombreuse assemblée assistait[8] au sacrifice : je reconnais les Catacombes !

CHATEAUBRIAND (les Martyrs).

Générosité du cardinal de Goislin.

Outre les aumônes publiques, qui de règle[1] consumaient le revenu de l'évêché tous les ans, Mgr de Goislin, évêque d'Orléans, en faisait quantité d'autres, qu'il cachait avec grand soin. Entre celles-là il donnait quatre cents livres de pension à un pauvre gentilhomme ruiné qui n'avait ni femme ni enfants, et ce gentilhomme était[2] presque toujours à sa table tant qu'il était[3] à Orléans. Un matin les gens de Mgr d'Orléans trouvèrent deux fortes pièces d'argenterie de sa chambre disparues[4], et un d'eux s'était aperçu que ce gentilhomme avait beaucoup tourné là autour[5]. Ils dirent leur soupçon à leur maître, qui ne le put croire, mais qui s'en douta[6] sur ce que ce gentil-

<hr>

pirer et renaître : auf= und zunehmen. — 5. S'avancer vers : zuschreiten. — 6. Magique concert : der Zauberklang. — 7. Célébrer le mystère : das Hochamt halten. — 8. Assister : beiwohnen.

1. De règle : gewöhnlich. — 2. Était à : saß an. — 3. Il était : er sich... aufhielt. — 4. Trouver disparu : vermissen. — 5. Tourner autour : herumgehen ; auxiliaire seyn. — 6. S'en douter : es vermuthen. —

homme ne parut plus. Au bout de[7] quelques jours, il
l'envoya quérir, et tête à tête[8] il lui fit avouer qu'il
était le coupable. Alors Mgr d'Orléans lui dit qu'il
fallait qu'il se fût trouvé étrangement pressé[9] pour
commettre une action de cette nature, et qu'il avait
grand sujet de se plaindre de son peu de confiance, de
ne lui avoir pas découvert son besoin. Il tira vingt
louis de sa poche, qu'il lui donna, le pria de venir
manger chez lui à son ordinaire, et surtout d'oublier, comme il le faisait, ce qu'il ne devait jamais répéter[10]. Il défendit bien à ses gens de parler de leur soupçon, et on n'a su ce trait que par le
gentilhomme même, pénétré de confusion et de reconnaissance.

SAINT-SIMON.

Les manchettes du baron Grimm.

A l'époque de la Révolution, où Grimm, croyant ne
plus vivre sûrement à Paris, revint en Allemagne et
s'établit[1] à Gotha, nous étions un jour à table chez lui. Je
ne sais à quel propos[2] Grimm s'écria tout d'un coup[3] :
« Je parie que nul monarque en Europe ne possède une
paire de manchettes aussi précieuses que les miennes : non, aucun d'eux n'en a payé au même prix. »

---

7. Au bout de : nach. — 8. Tête à tête : unter vier Augen. — 9. Qu'il
fallait, etc. : daß er hätte in ganz besonderer Noth stecken müssen. — 10. Répéter : herausfagen.

1. S'établir, vivre : leben. — 2. A quel propos : wie das Ge-
fpräch es herbeiführte. — 3. Tout d'un coup : mit einem Mal. —

Je laisse à penser si nous manifestâmes [4] d'une manière bruyante notre surprise [5], particulièrement les dames, et si nous fûmes avides de voir cette paire de merveilleuses manchettes. En conséquence Grimm se leva et alla chercher dans sa petite armoire deux dentelles d'un si grand luxe que la compagnie entière en témoigna [6] la plus vive admiration. Nous essayâmes d'en estimer la valeur, ne pouvant toutefois la porter plus haut [7] qu'à cent ou deux cents louis d'or. Grimm en rit et s'écria : « Vous êtes loin de compte ; je les ai payées deux cent cinquante mille francs, heureux encore de pouvoir tirer si bon parti [8] de mes assignats. Ceux-ci, le jour d'après, n'avaient plus de cours. »

GOETHE (*Entretiens* [9]).

Le jeune Bacchus et le Faune.

Un jour le jeune Bacchus, que Silène instruisait, cherchait [1] les muses dans un bocage dont le silence n'était troublé [2] que par le bruit des fontaines et par le chant des oiseaux. Le soleil n'en pouvait, avec ses rayons, percer la sombre verdure. L'enfant de Sémélé, pour étudier la langue des dieux, s'assit dans un coin, au pied d'un vieux chêne, du tronc duquel plusieurs hommes de l'âge d'or étaient nés [3]. Il avait

4. Manifester : ausbrücken. — 5. Tournez : « notre bruyant (laut) incrédule étonnement. » — 6. Témoigner, etc. : in laute Bewunderung ausbrechen. — 7. Porter plus haut : höher halten. — 8. Tirer un bon parti : gut anbringen. — 9. *Entretiens de Gœthe avec Eckermann*, traduits en français par M. Charles.

1. Chercher : auffuchen. — 2. Troubler : ftören. — 3. Naître : ent-

même autrefois rendu des oracles[4], et le temps n'avait osé l'abattre de sa tranchante faux. Auprès de ce chêne sacré et antique se cachait un jeune Faune qui prêtait l'oreille[5] aux vers que chantait l'enfant, et qui marquait à Silène par un ris moqueur toutes les fautes que faisait son disciple. Aussitôt les Naïades et les autres nymphes du bois souriaient aussi.

Ce critique était jeune, gracieux et folâtre[1]; sa tête était couronnée de[2] pampre et de lierre; ses tempes étaient ornées de grappes de raisins; de[3] son épaule gauche pendait sur son côté droit, en écharpe[4], un feston de lierre[5]; et le jeune Bacchus se plaisait à voir ces feuilles consacrées à sa divinité. Le Faune était enveloppé[6] au-dessous de la ceinture par la dépouille affreuse et hérissée[7] d'une jeune lionne qu'il avait tuée[8] dans les forêts. Il tenait dans sa main une houlette courbée et noueuse. Mais, comme Bacchus ne pouvait souffrir un rieur malin, toujours prêt à se moquer de ses expressions si elles n'étaient pures et élégantes, il lui dit d'un ton fier et impatient : « Comment oses-tu te moquer du fils de Jupiter ? » Le Faune répondit sans s'émouvoir[9] : « Eh ! comment le fils de Jupiter ose-t-il faire quelque faute. »

FÉNELON (Fables).

sprießen. — 4. Rendre des oracles : Orakel geben. — 5. Prêter l'oreille à : das Ohr leihen auf; acc.

1. Folâtre : muthwillig. — 2. De : mit — 3. De : von.... herab. — 4. En écharpe : schräg. — 5. Feston de lierre : das Epheugewinde. — 6. Envelopper : umhüllen, insépar. — 7. Hérissé : borstig. — 8. Tuer, abattre : erlegen. — 9. Sans s'émouvoir : ohne aus der Fassung zu kommen.

Henri IV devant Paris.

Henri IV faisait le siége[1] de Paris, et avait défendu, sous les peines les plus sévères, de porter des vivres aux assiégés. Les soldats, fatigués de la longueur du siége, pressés d'en finir[2], et irrités contre les Parisiens, vieillaient à l'exécution[3] de cet ordre avec la dernière rigueur. Chaque jour des paysans étaient surpris[4] portant des vivres sous les murailles, d'où on les faisait passer dans la ville au moyen de cordes et de bois de lances. On emprisonnait ces pauvres gens, et ils n'étaient pas toujours certains de s'en aller la vie sauve[5]. Le[6] jeudi 25 avril 1581, comme le roi passait par[7] le village de Ruelle pour aller à Senlis, il avisa tout plein de pauvres gens que ses soldats tenaient et tourmentaient pour ce que, contre les défenses de Sa Majesté, ils ne laissaient de[8] porter des vivres à Paris.

Le roi les ayant[1] fait lâcher et ayant ordonné à ses soldats de rendre ce qu'ils avaient pris, leur dit seulement : « Mes amis, Dieu vous commande d'obéir à votre roi et de le reconnaître, et toutefois[2] vous n'en faites rien. Cela est cause de tant de maux que vous avez. Mais craignez Dieu et honorez votre roi, et Dieu

1. Faire le siége : belagern. — 2. Pressé d'en finir : der Sache überbrüßig. — 3. Exécution : die Beobachtung. — 4. Surpris : aufgefangen. — 5. La vie sauve : mit heiler Haut. — 6. Le : am. — 7. Passer par : ziehen über, acc. — 8. Ne laisser de : es nicht unterlassen.

1. Employez le mode personnel. — 2. Toutefois : jedoch, avec inver-

aura pitié de [3] vous. Ayant égard à votre pauvreté,
je vous pardonne tout; mais n'y retournez plus [4]. —
Hé, Sire, dirent ces pauvres gens, Dieu vous donne
bonne vie et longue ! nous mourons de faim : c'est
ce qui [5] nous fait faire ce que nous faisons. » Alors le
roi, fouillant en sa pochette, leur jeta ce qu'il avait
dedans, disant ces mots : « Allez, priez Dieu pour le
Béarnais [6] ; s'il pouvait mieux faire, il le ferait. »

L'Étoile.

Songe de Marc Aurèle.

Je voulus méditer sur la douleur, la nuit était déjà
avancée [1]; le besoin de sommeil fatiguait ma paupière [2]; je luttai [3] quelque temps, enfin je fus obligé de
céder, et je m'assoupis : mais dans cet intervalle je
crus avoir un songe. Il me sembla voir dans un vaste
portique une multitude d'hommes rassemblés; ils
avaient tous quelque chose d'auguste et de grand [4].
Quoique je n'eusse jamais vécu avec eux, leurs traits
pourtant ne m'étaient pas étrangers; je crus me
rappeler que j'avais souvent contemplé leurs statues dans Rome. Je les regardais [5] tous, quand une
voix terrible et forte retentit sous le portique : Mortels, apprenez à souffrir ! Au même instant, devant
l'un, je vis s'allumer des flammes, et il y [6] posa la

sion. — 3. Avoir pitié de : Mitleiben haben mit. — 4. N'y retournez
plus : thut es nicht abermals. — 5. C'est ce qui : deßwegen. — 6. Le
Béarnais : der Bearneser.

1. Avancé : vorgerückt. — 2. Fatiguer la paupière : Die Augen zu-
drücken. — 3. Lutter : kämpfen. — 4. Grand : hehr (σέμνος); suppl. an
sich. — 5. Regarder : anschauen. — 6. Y : darauf.

main. On apporta à l'autre du poison : il but et fit une libation aux dieux. Le troisième était debout auprès d'une statue de la liberté brisée ; il tenait d'une main un livre, de l'autre il prit une épée dont il regardait la pointe.

Plus loin je distinguai[1] un homme tout sanglant[2] mais calme et plus tranquille que ses bourreaux mêmes ; je courus à lui en m'écriant : « O Régulus, est-ce toi[3] ? » Je ne pus soutenir le spectacle[4] de ses maux, et je détournai mes regards. Alors j'aperçus Fabricius dans la pauvreté, Scipion mourant dans l'exil, Épictète écrivant dans les chaînes, Sénèque et Thraséas[5] les veines ouvertes, et regardant d'un œil tranquille leur sang couler. Environné de[6] tous ces grands hommes malheureux, je versais des larmes ; ils parurent étonnés. L'un d'eux, ce fut Caton, s'approcha de[7] moi, et me dit : « Ne nous plains pas, mais imite-nous ; et toi aussi, apprends à vaincre la douleur ! » Cependant, il me parut prêt à tourner contre soi le fer qu'il tenait à[8] la main ; je voulus l'arrêter, je frémis, et je m'éveillai. Je réfléchis sur ce songe, et je conçus que ces prétendus[9] maux n'avaient pas le droit d'ébranler mon courage ; je résolus d'être homme, de souffrir et de faire le bien. Thomas.

---

1. Distinguer : wahrnehmen. — 2. Sanglant : bluttriefend. — 3. Est-ce toi ; lit. « es-tu ce » : bist du es. — 4. Le spectacle : der Anblick. — 5. Suppléez : mit. — 6. De : mit. — 7. S'approcher : (sich) nähern ; dat. — 8. A : in. — 9. Prétendu : sogenannt.

Vue d'Interlaken [1].

Pour aller à la fête [2], il fallait s'embarquer sur l'un de ces lacs dans lesquels les beautés de la nature se réfléchissent, et qui semblent placés au pied des Alpes pour en [3] multiplier les ravissants aspects. Un temps orageux [4] nous dérobait la vue distincte des montagnes, mais, confondues avec les nuages, elles n'en étaient que plus redoutables. La tempête grossissait, et bien qu'un sentiment de terreur s'emparât de mon âme, j'aimais cette foudre du ciel qui confond l'orgueil de l'homme. Nous nous reposâmes [5] un moment dans une espèce de grotte avant de [6] nous hasarder à traverser la partie du lac de Thun qui est entourée de rochers inabordables. C'est dans un lieu pareil que Guillaume Tell sut braver les abîmes, et s'attacher [7] à des écueils, pour échapper à ses tyrans.

Nous aperçûmes [1] alors dans le lointain cette montagne qui porte le nom de Vierge [2], parce qu'aucun voyageur n'en a jamais pu gravir [3] le sommet : elle est moins haute que le Montblanc, et cependant elle inspire plus de respect parce qu'on la sait inaccessible.

Nous arrivâmes à Unterseen, et le bruit de l'Aar,

1. Interlaken, bourg pittoresque du canton de Berne. — 2. Aller à la fête : ſich zum Feſte begeben. — 3. En : derſelben. — 4. Orageux : Gewitter drohend. — 5. Se reposer : ausruhen. — 6. Avant (de) que : bevor, indic. — 7. S'attacher à : ſich feſtklammern an.

1. Apercevoir : wahrnehmen. — 2. Vierge : Jungfrau. — 3. Gravir : er-

qui tombe en cascade autour de cette petite ville, disposait[4] l'âme à des impressions rêveuses. Les étrangers, en grand nombre, étaient logés dans des maisons de paysans fort propres, mais rustiques. Il était assez piquant[5] de voir se promener dans la rue d'Unterseen de jeunes Parisiens tout à coup transportés dans les vallées de la Suisse : ils n'entendaient plus que le bruit des torrents; ils ne voyaient plus que des montagnes, et cherchaient si, dans ces lieux solitaires, ils pourraient s'ennuyer assez, pour retourner avec plus de plaisir encore dans le monde.

Mme de Staël.

Digues de la Hollande.

C'est un admirable travail que[1] celui des digues de la Hollande, mais c'est un effrayant spectacle que celui d'une mer ouverte, luttant[2] de son poids immense et de la fureur de ses tempêtes contre des amas de fagots recouverts de sable, et menaçant d'une irrémédiable[3] submersion une population de deux millions d'âmes, qui vit aussi rassurée que si elle habitait les sommets du Mont-Blanc et des Cordillières. Le déplacement[4] d'une fascine, l'ouverture inaperçue d'un trou de rat, peuvent suffire pour amener l'événement; et, si l'on y songe, c'est pour le prévenir[5], nullement pour s'en effrayer.

ſtimmen. — 4. Disposer à : ſtimmen zu. — 5. Il était assez piquant : es hatte einen gewiſſen Reiz.

1. Tournez : « un admirable travail sont... » — 2. Lutter : anfämpfen — 3. Irrémédiable, funeste : unheilvoll. — 4. Déplacement : bie Entrüdung, ou bas Entrüden. — 5. Prévenir : vorbeugen.

A dix pieds au-dessous du niveau de la mer[1] on[2] circule, on mange, on boit, on trafique, on amasse de l'argent, on rit quelquefois, on fume toujours, sans s'occuper des vagues qui peuvent engloutir les trésors et éteindre les pipes. Voilà le monde!... Il est heureux qu'il soit ainsi fait. Après tout[3], pour la génération qui souffrirait de l'événement, ce serait une simple question de temps et de simultanéité[4]. Il ne s'agirait pour elle que de finir[5] au plus tôt et tout à la fois, au lieu de s'éteindre un peu plus tard et en détail. Bien des gens y feraient l'économie[6] de maux et de regrets, auxquels ils n'échapperont pas, si la mer ne réalise pas sa menace.

D'HAUSSEZ (Voyages).

Les viviers d'Hortensius.

Quand notre ami Q. Hortensius possédait ces viviers, qu'il avait fait construire à grands frais près de Bauli, je me suis trouvé[1] assez souvent avec lui à sa métairie, pour être certain qu'il avait coutume[2] d'envoyer acheter[3] à Pouzoles le poisson nécessaire à sa table

---

1. Niveau de la mer : die Meeresfläche. — 2. Tournez par le passif impersonnel. — 3. Après tout : übrigens. — 4. Simultanéité : das Zusammentreffen. — 5. Finir : aufgehen. — 6. Faire l'économie : sich dadurch ersparen.

1. Se trouver : sich einfinden. — 2. Avoir coutume : pflegen. — 3. Envoyer acheter : kaufen lassen.

Ce n'était pas assez pour lui de ne pas manger ses poissons, il les nourrissait lui-même : car il avait à son service⁴ une foule de pêcheurs chargés de lui ramasser continuellement de petits poissons qui devaient être dévorés par les gros; il fallait, en outre, quand la mer était orageuse, leur jeter du poisson salé, acheté tout exprès⁵, afin que, pendant la tempête, le marché fournît encore la pâture aux habitants des viviers. Hortensius vous aurait plutôt laissé prendre un attelage de mulets dans⁶ ses écuries qu'un seul mulet barbu dans sa piscine.

Bien plus, il avait pour ses poissons malades autant de sollicitude que pour ses esclaves mal portants. Aussi accusait-¹il M. Lucullus de négligence, et méprisait-il ses viviers, parce qu'il n'avait pas ménagé² des issues par où l'eau pût se renouveler, et qu'il laissait ses poissons séjourner dans l'eau stagnante. Hortensius au contraire avait fait creuser une montagne près de Naples; il avait amené³ dans ses viviers des courants⁴ d'eau de mer qui venaient et se retiraient alternativement; il semblait ainsi avoir transporté ses poissons chéris dans⁵ un lieu plus frais, pendant la saison brûlante, à l'exemple des bergers apuliens, qui, pour mettre leurs troupeaux à l'abri de⁶ la chaleur, les conduisent sur les montagnes de la Sabine. Du reste, il avait une telle prédilection, une telle

____

4. Tournez : « dans son service se tenaient » : ſtanben. — 5. Tout exprès : ganz beſonbers bazu. — 6. Dans : aus.

1. Accuser : zeißen, verbe f. — 2. Ménager : anbringen. — 3. Amener : ßerleiten. — 4. Courant : ber Strom. — 5. Dans : an, acc. — 6. Met-

passion pour sa maison de Baïes, que son architecte était autorisé à dépenser des sommes illimitées, pourvu qu'il pût joindre ses piscines à la mer, par des canaux souterrains, où, deux fois par jour, depuis le premier quartier jusqu'à la nouvelle lune suivante, le flux pût venir rafraîchir les viviers pour ressortir[7] ensuite.

VARRON (Antiquités).

La mère et la fille.

C'était une nuit d'hiver[1]; le vent soufflait au dehors, et la neige blanchissait[2] les toits.

Sous un de ces toits, dans une chambre étroite, étaient assises, travaillant de leurs mains, une femme à cheveux blancs et une jeune fille.

Et de temps en temps la vieille femme réchauffait à un petit brasier ses mains pâles. Une lampe d'argile éclairait cette pauvre demeure, et un rayon de la lampe venait expirer[3] sur une image de la Vierge, suspendue au mur.

Et la jeune fille levant les yeux[4] regarda en silence pendant quelques moments la femme à cheveux blancs; puis elle lui dit :

« Ma mère, vous n'avez pas toujours été dans ce dénuement.

tre à l'abri : ſchützen vor; avec le datif. — 7. Ressortir : wieder hinaus-fließen.

1. Nuit d'hiver : die Winternacht. — 2. Blanchir (scintiller) : ſchimmern — 3. Venait expirer (tombait) fallen. — 4. Lever les yeux : die Augen aufſchlagen.

Et il y avait dans sa voix une douceur et une tendresse inexprimables.

Et la femme à cheveux blancs répondit :

« Ma fille, Dieu est le maître ; ce qu'il fait est bien fait. »

Ayant dit[1] ces mots, elle se tut[2] un peu de temps, ensuite elle reprit :

« Quand je perdis votre père, ce fut une douleur que je crus sans consolation ; cependant vous me restiez ; mais je ne sentais[3] qu'une chose alors.

« Depuis j'ai pensé que s'il vivait, et qu'il nous vît en cette détresse, son âme se briserait[4], et j'ai reconnu que Dieu avait été bon envers lui. »

La jeune fille ne répondit rien, mais elle baissa la tête, et quelques larmes, qu'elle s'efforçait de cacher, tombaient sur la toile qu'elle tenait dans ses mains.

La mère ajouta : Dieu, qui a été bon envers lui, a été bon aussi envers nous ; de quoi avons-nous manqué[5], tandis que tant d'autres manquent de tout.

Il est vrai qu'[6] il a fallu nous habituer à peu, et ce peu le gagner par notre travail. Mais ce peu ne suffit-il pas? Et tous n'ont-ils pas été condamnés dès le commencement à vivre par le travail?

---

1. Mode personnel. — 2. Se taire : ſtillſchweigen. — 3. Sentir : empfinden. — 4. Mon âme se brise : das Herz bricht mir. — 5. Tournez : « à quoi (woran) a-t-il manqué à nous. » — 6. Il est vrai que : zwar.

« Dieu dans sa bonté nous a donné le pain de chaque jour[1]; et combien ne l'ont pas? Un abri; et combien ne savent où se retirer?

« Il vous a, ma fille, donnée à moi; de quoi[2] me plaindrais-je? »

A[3] ces dernières paroles, la jeune fille, toute émue, tomba aux genoux de sa mère, prit ses mains, les baisa, et se pencha sur son sein en pleurant.

Et la mère faisant un effort pour élever la voix:

« Ma fille, dit-elle, le bonheur n'est pas de posséder beaucoup, mais d'espérer et d'aimer beaucoup.

« Notre espérance n'est pas ici-bas[4], ni notre amour non plus; ou, s'il y est, ce n'est qu'en passant.

« Après Dieu, vous m'êtes tout au monde; mais ce monde s'évanouit comme un songe, et c'est pourquoi[5] mon amour s'élève avec vous vers un autre monde. »

« Lorsque je vous portais dans mon sein, un jour je priai[1] avec plus d'ardeur la vierge Marie, et elle m'apparut pendant mon sommeil, et il me semblait qu'avec un sourire céleste elle me présentait[2] un petit enfant.

« Et je pris l'enfant qu'elle me présentait, et lorsque je le tins dans mes bras, la Vierge mère posa sur sa tête une couronne de roses blanches.

---

1. De chaque jour : täglich. — 2. De quoi : worüber. — 3. à : bei. — 4. Ici-bas : hienieden. — 5. C'est pourquoi : beßwegen.

1. Prier a Vierge : zu der heiligen Jungfrau beten. — 2. Présenter :

« Peu de mois après vous naquîtes[3], et la douce vision était toujours devant mes yeux.

Ce[4] disant la femme aux cheveux blancs tressaillit, et serra sur son cœur la jeune fille.

A quelque temps de là[5], une âme sainte vit deux formes lumineuses monter vers le ciel, et une troupe d'anges les accompagnait, et l'air retentissait de leurs chants d'allégresse. LAMENNAIS.

Combat de Mérovée et d'un chef gaulois.

Mérovée avait fait un massacre[1] épouvantable des Romains. On le voyait sur un immense chariot avec douze compagnons d'armes appelés les douze pairs, qu'il surpassait[2] de toute la tête. Au-dessus du chariot flottait une enseigne guerrière surnommée l'oriflamme. Le chariot, chargé d'horribles dépouilles, était traîné par trois taureaux, dont les genoux dégouttaient de sang et dont les cornes portaient des lambeaux affreux. L'héritier de l'épée de Pharamond avait l'âge, la beauté et la fureur du démon de Thrace, qui n'allume le feu[3] de ses autels qu'au feu des villes embrasées. Les cheveux blonds du jeune Sicambre, ornés d'une couronne de lis, ressemblaient au lin moelleux et doré qu'une bandelette virginale rattache à la quenouille d'une reine des barbares.

---

barbieten. — 3. Naître : zur Welt kommen. — 4. Ce : folches. — 5. A quelque temps de là : einige Zeit barauf.

1. Faire un massacre : ein Gemetzel anrichten. — 2. Surpasser de : überragen um. — 3. Allumer le feu : das Feuer holen, littér. : « aller chercher le feu. »

On eût dit [1] que ses joues étaient peintes du vermillon des haies d'églantier qui brillent, au milieu des neiges, dans les forêts de la Germanie. Sa mère avait noué autour de son cou un collier de coquillages, comme les Gaulois suspendent des reliques aux rameaux du plus beau rejeton d'un bois sacré. Quand, de sa main droite, Mérovée, agitant [2] un drapeau blanc, appelait les Sicambres au champ d'honneur, ils ne pouvaient s'empêcher de pousser des cris de guerre et d'amour ; ils ne se lassaient pas d'admirer à leur tête [3] trois générations : l'aïeul, le fils et le père. Mérovée, rassasié de meurtres, contemplait, immobile, du haut de [4] son char de victoire, les cadavres dont il avait jonché la plaine.

Ainsi repose un lion de Numidie après avoir déchiré [1] un troupeau de brebis. Sa faim est apaisée [2], sa poitrine exhale l'odeur du carnage ; il ouvre et ferme tour à tour sa gueule fatiguée, qu'embarrassent des flocons de laine. Enfin il se couche au milieu des animaux égorgés ; sa crinière, humectée d'une rosée de sang, retombe [10] des deux côtés de son cou. Il croise ses griffes puissantes ; il allonge la tête sur ses ongles, et, les yeux à demi fermés, il lèche [3] encore les molles toisons étendues autour de lui.

1. On eût dit : man hätte fchier geglaubt. — 2. Agiter un drapeau : eine Fahne fchwenken. — 3. A leur tête : an ihrer Spitze. — 4. Du haut de : von .... herab.

1. Au mode personnel. — 2. Apaiser : ftillen. — 3. Retomber : herniederwallen. — 4. Lécher : lecken an, avec le datif.

Le chef des Gaulois aperçut Mérovée dans ce repos insultant et superbe ; sa fureur s'allume[5]. Il s'avance sur le fils de Pharamond et lui crie d'un ton ironique :

« Chef à la longue chevelure, je vais t'asseoir autrement sur le trône d'Hercule le Gaulois. Jeune, brave, tu mérites d'emporter la marque du fer dans le palais de Teutatès ; je ne veux point te laisser languir dans une honteuse vieillesse.

— Qui es-tu ? répondit Mérovée avec un sourire amer[1]. Es-tu d'une race[2] noble et antique ? Esclave romain, ne crains-tu pas ma framée ?

— Je ne crains qu'une chose, repartit le Gaulois frémissant de courroux ; c'est que le ciel tombe sur ma tête.

— Cède[3]-moi la terre, dit l'orgueilleux Sicambre.

— La terre que je te céderai, s'écrie le Gaulois, tu la garderas éternellement. »

A ces mots, Mérovée, s'appuyant sur sa framée, s'élance[4] du char par-dessus les taureaux, tombe[5] à leurs têtes et se présente[6] au Gaulois, qui venait à lui.

Toute l'armée s'arrête[1] pour voir le combat des deux chefs. Le Gaulois fond, l'épée à la main, sur le jeune Franc, le frappe[2], le blesse à l'épaule et le con-

---

5. S'allumer : entbrennen. — 6. Ironique : höhnisch.

1. Rire amer : bitteres Lächeln. — 2. Race : das Geblüt. — 3. Céder : abtreten. — 4. S'élancer : hinwegspringen. — 5. Tomber : aufrecht fallen. — 6. Se présenter : sich darstellen.

1. S'arrêter : stillstehen. — 2. Le frappe : haut auf ihn.

traint de reculer jusque sous les cornes des taureaux.

Mérovée, à son tour [3], lance son angon, qui, par ses deux fers recourbés, s'engage [4] dans le bouclier du Gaulois. Au même instant, le fils de Clodion bondit [5] comme un léopard, met le pied sur le javelot, le presse de son poids, le fait descendre vers [6] la terre et abaisse avec lui le bouclier de son ennemi. Ainsi forcé de se découvrir [7], l'infortuné Gaulois montre la tête; la hache de Mérovée part, siffle, vole et s'enfonce dans le front du Gaulois, comme la cognée d'un bûcheron dans la cime d'un pin. La tête du guerrier se partage [8]; sa cervelle se répand des deux côtés, ses yeux roulent à terre. Son corps reste encore un moment debout, étendant des mains convulsives, objet d'épouvante et de pitié.

CHATEAUBRIAND.

Charles XII à Bender.

Les janissaires tombent sur [1] lui de tous côtés; ils étaient animés par la promesse qu'avait faite le bacha de huit ducats d'or à chacun de ceux qui auraient seulement touché [2] son habit, en cas qu'on pût le prendre [3]. Il blessait et il tuait tous ceux qui s'approchaient de sa personne. Un janissaire qu'il avait

---

3. A son tour : seinerseits. — 4. S'engage : sich... einhackt. — 5. Bondir : aufprallen. — 6. Faire descendre vers : herabbrücken zu. — 7. Se découvrir : sich bloßstellen. — 8. Se partage : wird gespalten.

1. Tomber sur : herfallen über, acc. — 2. Toucher : berühren. — 3. Pren

blessé lui appuya son mousqueton sur le visage ; si le bras du Turc n'avait fait un mouvement, causé par la foule, qui allait et venait comme des vagues [4], le roi était mort. La balle glissa [5] sur son nez, lui emporta [6] un bout de l'oreille et alla casser [7] le bras au général Hord, dont la destinée était d'être toujours blessé à côté de son maître.

Le roi enfonça [1] son épée dans l'estomac du janissaire ; en même temps, ses domestiques, qui étaient enfermés dans la grande salle, en ouvrent la porte. Le roi entre comme un trait [2], suivi [3] de sa petite troupe ; on referme la porte dans l'instant, et on la barricade avec tout ce qu'on peut trouver. Voilà [4] Charles XII dans cette salle, enfermé avec toute sa suite qui consistait en près de soixante hommes, officiers, gardes, secrétaires, valets de chambre, domestiques de toute espèce.

Les janissaires et les Tartares pillaient le reste de la maison et remplissaient les appartements. « Allons un peu [5] chasser de chez moi ces barbares, » dit-il, et, se mettant à la tête de son monde, il ouvre lui-même la porte de la salle qui donnait dans [6] son appartement à coucher [7] ; il entre et fait feu sur ceux qui pillaient.

dre : fangen. — 4. Aller et venir comme des vagues : hin- und herwogen. — 5. Glisser sur : hinwegstreifen an ; dat. — 6. Emporter : fortreißen. — 7. Aller casser : zerschmettern.

1. Enfoncer : stoßen. — 2. Entrer comme un trait : hereinschießen. — 3. Suivi : begleitet. — 4. Voilà : so ist. — 5. Allons un peu : laßt uns nun. — 6. Donner dans : hinausführen in ; acc. — 7. Chambre à coucher : das Schlafgemach.

Les Turcs, chargés de butin, épouvantés de la subite apparition de ce roi qu'ils étaient accoutumés à respecter, jettent[1] leurs armes, sautent par[2] la fenêtre ou se retirent jusque dans les caves; le roi, profitant[3] de leur désordre, et les siens, animés par le succès, poursuivent les Turcs de chambre en chambre, tuent ou blessent ceux qui ne fuient point, et, en un quart d'heure, nettoient la maison d'ennemis.

Le roi aperçut, dans la chaleur du combat, deux janissaires qui se cachaient sous son lit; il en tua un d'un coup d'épée, l'autre lui demanda pardon[4] en criant : « Amman ! » — « Je te donne[5] la vie, dit le roi au Turc, à condition que tu iras faire au bacha un fidèle récit de ce que tu as vu. » Le Turc promit aisément ce qu'on voulut, et on lui permit de sauter par la fenêtre comme les autres.

Les Suédois, étant[1] enfin maîtres de la maison, refermèrent et barricadèrent encore les fenêtres. Ils ne manquaient point d'armes. Une chambre basse, pleine de mousquets et de poudre, avait échappé[2] à la recherche tumultueuse des janissaires; on s'en servit à propos. Les Suédois tiraient à travers les fenêtres, presque à bout portant, sur cette multitude de Turcs, dont ils tuèrent deux cents en moins d'un demi-quart d'heure.

Le canon tirait[3] contre la maison; mais les pierres

1. Jeter : wegwerfen. — 2. Sauter par : hinausspringen zum. — 3. Profiter : sich zu Nutze machen. — 4. Demander pardon : um Gnade anflehen. — 5. Donner : schenken.

1. Mode personnel. — 2. Échapper : entgehen. — 3. Tournez : « des

que tout était prêt pour le départ : « Un seul jour
encore, répondit-elle, et je ne demanderai plus rien ;
savez-vous que là, où vous emmenez ma fille, il n'y
a plus de mère pour elle. »

Mais tous les retards [1] possibles étaient épuisés.
Athanagild interposa son autorité de père et de roi ;
et, malgré les larmes de la reine, Galesvinthe fut
remise entre les mains de ceux qui avaient mission [2]
de la conduire auprès de son futur époux.

Une longue file de cavaliers, de voitures et de chariots de bagage traversa [3] les rues de Tolède, et se
dirigea vers la porte du nord. Le roi suivit à cheval
le cortége de sa fille jusqu'à un pont jeté [4] sur le Tage,
à [5] quelque distance de la ville ; mais la reine ne put
se résoudre à retourner si vite et voulut aller au delà.
Quittant son propre char, elle s'assit auprès de [6] Galesvinthe, et, d'étape en étape, de journée en journée, elle se laissa entraîner à plus de cent milles de
distance. Chaque jour, elle disait : « C'est jusque-là
que je veux aller, » et, parvenue à ce terme, elle passait outre. A l'approche des montagnes, les chemins
devinrent difficiles ; elle ne s'en aperçut pas, et voulut encore aller plus loin.

Mais comme les gens qui la suivaient, grossissant
beaucoup le cortége, augmentaient les embarras et
les dangers du voyage, les seigneurs goths résolu-

1. Employez le sing. — 2. Avoir mission : zum Auftrag, zur Sendung
haben. — 3. Traverser : ziehen durch. — 4. Suppr. ce mot. — 5. à : in,
dat. — 6. Auprès de : zu.

rent de ne pas permettre que leur reine fît un mille de plus. Il fallut se résigner à une séparation inévitable, et de nouvelles scènes de tendresse, mais plus calmes, eurent lieu entre la mère et la fille. La reine exprima en paroles douces sa tristesse et ses craintes maternelles :

« Sois heureuse, dit-elle, mais j'ai peur pour toi; prends garde[1], ma fille, prends bien garde.... »

A ces mots, qui s'accordaient[2] trop bien avec ses propres pressentiments, Galesvinthe pleura et répondit :

« Dieu le veut, il faut que je me soumette; » et la triste séparation s'accomplit[3].

Un partage se fit[4] dans ce nombreux cortége; cavaliers et chariots se divisèrent[5], les uns continuant à marcher en avant, les autres retournant vers Tolède.

Avant de monter sur le char, qui devait la ramener en arrière, la reine des Goths s'arrêta au bord de la route, et fixant les yeux[1] vers le chariot de sa fille, elle ne cessa de le regarder, debout et immobile, jusqu'à ce qu'il disparut dans l'éloignement et dans les détours du chemin. Galesvinthe, triste, mais résignée, continua sa route vers le nord. Son escorte, composée de[2] seigneurs et de guerriers des deux nations, Goths et Francs, traversa les Pyrénées, puis les villes de Narbonne et Carcassonne, sans sortir du royaume des Goths, qui s'étendait jusque-là; ensuite

---

1. Prendre garde : sich in Acht nehmen. — 2. S'accorder : übereinstimmen. — 3. Tournez : « fut accompli; » accomplir : vollziehen. — 4. Se faire : geschehen. — 5. Se diviser : von einander scheiben.

1. Fixer les yeux sur , die Blicke heften auf; acc. — 2. Composé de : e

elle se dirigea, par la route de[3] Poitiers et de Tours, vers[4] la cité de Rouen, où devait avoir lieu la célébration du mariage.

Aux portes de chaque grande ville, le cortége faisait halte, et tout se disposait pour une entrée solennelle ; les cavaliers jetaient bas[1] leurs manteaux de route, découvraient[2] les harnais de leurs chevaux et s'armaient de leurs boucliers suspendus à l'arçon de la selle[3]. La fiancée du roi de Neustrie quittait son lourd chariot de voyage pour un char de parade, élevé en forme de tour, et tout couvert de plaques d'argent. Le poëte contemporain, à qui sont empruntés ces détails, la vit entrer ainsi à Poitiers, où elle se reposa quelques jours ; il dit qu'on admirait la pompe de son équipage[4], mais il ne parle pas de sa beauté.

AUG. THIERRY.

Destinée des Mérovingiens.

Le sceau[1] d'une destinée irrésistible[2] n'est, dans[3] aucune histoire, plus fortement empreint[4] que dans celle des rois de la dynastie mérovingienne. Ces fils de conquérants à demi sauvages, nés avec les

bestehend aus. — 3. Par la route de : auf dem Wege nach. — 4. Vers : gegen.... zu.

1. Jeter bas : abwerfen. — 2. Découvrir : enthüllen. — 3. L'arçon de la selle : der Sattelbogen. — 4. Équipage : der Aufzug.

1. Le sceau : das Gepräge. — 2. Irrésistible : unüberwindlich. — 3. Dans : auf. — 4. Si profondément empreint : so tief gedrückt. —

idées de leurs pères au milieu des jouissances du luxe et des tentations du pouvoir, n'avaient[5] dans leurs passions et leurs désirs ni règle ni mesure. Vainement des hommes plus éclairés qu'eux sur les affaires de ce monde et sur la conduite de la vie élevaient la voix pour leur conseiller[6] la modération et la prudence, ils n'écoutaient rien : ils se perdaient faute de comprendre ; et l'on disait : le doigt de Dieu est là. C'était la formule chrétienne ; mais, à les voir suivre en aveugles, et comme des barques emmenées à la dérive[7], le courant de leurs instincts brutaux et de leurs passions désordonnées, on pouvait, sans être un prophète, deviner et prédire la fin qui les attendait[8] presque tous.

Un jour que la famille de Chilperic, rétablie dans ses grandeurs, résidait[1] au palais de Brainne, deux évêques gaulois, Salvius d'Alby et Grégoire de Tours, après avoir reçu audience, se promenaient[2] ensemble autour du palais. Au milieu de la conversation, Salvius, comme frappé d'une idée[3], s'interrompit[4] tout à coup et dit à Grégoire :

« Est-ce que tu ne vois pas quelque chose au-dessus du toit de ce bâtiment ?

— Je vois, répondit l'évêque de Tours, le nouveau belvédère que le roi vient d'y faire élever.

— Et tu n'aperçois rien de plus ?

5. Avoir : ḥalten. — 6. Conseiller : anrathen. — 7. Amené à la dérive : verſchlagen. — 8. Attendre : warten ; gén.

1. Résider : ſich aufhalten. — 4. Se promener : auf⸗ und abgehen. — 3. Frappé d'une idée : von einer Idee eingenommen. — 4. S'inter-

— Rien du tout, répartit Grégoire ; si tu vois autre chose, dis-moi ce que c'est. »

L'évêque Salvius fit[5] un grand soupir et reprit :

« Je vois le glaive de la colère de Dieu suspendu sur cette maison. »

Quatre ans après le roi de Neustrie avait péri de mort violente.

AUG. THIERRY.

Arrestation[1] de Protésilas.

Hégésippe se hâta d'aller prendre[2] Protésilas dans sa maison ; elle était moins grande, mais plus commode et plus riante[3] que celle du roi ; l'architecture[4] était de meilleur goût ; Protésilas l'avait ornée avec une dépense tirée[5] du sang des misérables. Il était alors dans un salon de marbre, auprès de ses bains, couché négligemment sur un lit de pourpre avec une broderie d'or ; il paraissait las et épuisé de ses travaux ; ses yeux et ses sourcils montraient[6] je ne sais quoi d'agité, de sombre et de farouche. Les plus grands de l'État étaient autour de lui, rangés sur des tapis, composant leurs visages sur celui de Protésilas, dont ils observaient jusqu'au moindre clin d'œil.

rompre: inne halten. — 5. Faire un grand soupir : einen tiefen Seufzer holen.

1. Arrestation : Verhaftung. — 2. Aller prendre : gefangen nehmen. — 3. Riant : heiter. — 4. Architecture : die Bauart. — 5. Une dépense tirée : ein Aufwand den er.... verdankte. — 6. Tournez : « Dans ses yeux se montrait. »

A peine ouvrait-il[1] la bouche, que[2] tout le monde se récriait pour admirer ce qu'il allait dire. Un des principaux de la troupe lui racontait avec des exagérations ridicules ce que Protésilas lui-même avait fait pour le roi. Un autre lui assurait que Jupiter lui avait donné la vie, et qu'il était fils du père des dieux. Un poëte venait de[3] lui chanter des vers, où il assurait que Protésilas, instruit par les Muses, avait égalé Apollon pour tous les ouvrages d'esprit. Un autre poëte, encore plus lâche et plus impudent, l'appelait, dans ses vers, l'inventeur des beaux-arts et le père des peuples, qu'il rendait heureux ; il le dépeignait tenant en main la corne d'abondance[4].

Protésilas écoutait[1] toutes ces louanges d'un air sec, distrait et dédaigneux, comme un homme qui sait bien qu'il en mérite encore de plus grandes, et qui fait trop de grâce[2] de se laisser louer. Il y avait un flatteur qui prit[3] la liberté de lui parler à l'oreille, pour lui dire quelque chose de plaisant contre la police que Mentor tâchait d'établir. Protésilas sourit, toute l'assemblée se mit aussitôt à rire, quoique la plupart ne pussent point encore savoir ce qu'on avait dit. Mais Protésilas reprenant bientôt son air sévère et hautain, chacun rentra[4] dans la crainte et dans le silence.

1. Ouvrir : aufthun. — 2. Que : so. — 3. Venir de : eben ; chanter : vorsingen. — 4. Corne d'abondance : das Füllhorn.

1. Écouter : hören auf ; acc. — 2. Faire trop de grâce : sich allzu gnädig erweisen. — 3. Prendre : sich herausnehmen. — 4. Tournez : « alors tomba (gerieth) tout dans la crainte et se tut. »

Plusieurs nobles cherchaient[1] le moment où Protésilas pourrait se tourner vers eux et les écouter : ils paraissaient émus et embarrassés ; c'est[2] qu'ils avaient à lui demander des grâces : leur posture suppliante parlait pour eux ; ils paraissaient aussi soumis qu'une mère au pied des autels, lorsqu'elle demande[3] aux dieux la guérison de son fils unique. Tous paraissaient contents, attendris, pleins d'admiration pour Protésilas, quoique tous eussent[4] contre lui, dans le cœur, une rage implacable.

Dans ce moment Hégésippe entre, saisit[1] l'épée de Protésilas et lui déclare, de la part du roi, qu'il va l'emmener dans l'île de Samos. A ces paroles, toute l'arrogance[2] de ce favori tomba comme un rocher qui se détache[3] du sommet d'une montagne escarpée. Le voilà qui[4] se jette tremblant et troublé aux pieds d'Hégésippe ; il pleure, il hésite, il bégaie, il tremble ; il embrasse[5] les genoux de cet homme qu'il ne daignait pas, une heure auparavant, honorer d'un de ses regards. Tous ceux qui l'encensaient, le voyant perdu sans ressource[6], changèrent leurs flatteries en des insultes sans pitié.

---

1. Chercher le moment : ben Augenblick aufpaſſen. — 2. C'est que : eben. — 3. Demander : anſtehen um ; acc. — 4. avoir : hegen.

1. Saisir : greifen nach ; dat. — 2. Arrogance : der Hochmuth. — 3. Se détacher : ſich losreißen. — 4. Le voilà qui : nun. — 5. Embrasser : umfaſſen. — 6. Sans ressource : unwiederbringlich.

Hégésippe ne voulut lui laisser[1] le temps ni de faire ses derniers adieux à sa famille, ni de prendre[2] certains écrits secrets. Tout fut saisi[3] et porté au roi. Timocrate fut arrêté dans le même temps, et sa surprise fut extrême; car il croyait qu'étant brouillé[4] avec Protésilas, il ne pouvait être enveloppé dans sa ruine. Ils partent[5] dans un vaisseau qu'on avait préparé. On arrive à Samos, Hégésippe y laisse ces deux malheureux; et, pour mettre le comble[6] à leur malheur, il les laisse ensemble. Là, ils se reprochent avec fureur, l'un à l'autre, les crimes qu'ils ont faits et qui sont cause de leur chute : ils se trouvent sans espérance de revoir jamais Salente, condamnés à vivre loin de leurs femmes et de leurs enfants; je ne dis pas loin de leurs amis, car ils n'en avaient point. On les menait[7] dans une terre inconnue, où ils ne devaient plus avoir d'autre ressource pour vivre que leur travail, eux qui avaient passé[8] tant d'années dans les délices et dans le faste. FÉNELON (*Télémaque*).

Entrevue[1] d'Hégésippe et de Philoclès.

Hégésippe lui raconta qu'il avait amené[2] Protésilas et Timocrate à Samos pour y souffrir l'exil qu'ils avaient fait souffrir à Philoclès, et il finit en

1. Ne pas laisser le temps : keine Zeit gönnen. — 2. Prendre : mit nehmen. — 3. Saisir : in Beſchlag nehmen. — 4. Mode personnel. — 5. Partir : abſegeln. — 6. Mettre le comble : krönen. — 7. Mener : abführen. — 8. Passer : zubringen.

1. Entrevue : die Zuſammenkunft. — 2. Amener : mitbringen. —

lui disant qu'il avait ordre de le conduire à Salente, où le roi, qui connaissait son innocence, voulait lui confier ses affaires[3] et le combler de biens.

« Voyez-vous, lui répondit Philoclès, cette grotte, plus propre à cacher des bêtes sauvages qu'à être habitée par des hommes? J'y ai goûté[4] depuis tant d'années plus de douceur et de repos que dans les palais dorés de l'île de Crète. Les hommes ne me trompent plus, car je ne vois plus les hommes; je n'entends plus leurs discours flatteurs et empoisonnés[5] : je n'ai plus besoin d'eux. Mes mains, endurcies au travail, me donnent[6] facilement la nourriture simple qui m'est nécessaire; il ne me faut[7], comme vous voyez, qu'une légère étoffe pour me couvrir.

« N'ayant[1] plus de besoins, jouissant d'un calme profond et d'une douce liberté, dont la sagesse de mes livres m'apprend à faire un bon usage, qu'irais-je[2] encore chercher parmi les hommes jaloux, trompeurs et inconstants? Non, non, mon cher Hégésippe, ne m'enviez point[3] mon bonheur. Protésilas s'est trahi lui-même, voulant trahir le roi et me perdre[4]. Mais il ne m'a fait aucun mal; au contraire, il m'a fait le plus grand des biens, il m'a délivré du tumulte et de la servitude des affaires : je lui dois[5] ma chère solitude et tous les plaisirs innocents[6] que

3. Confier ses affaires : die Leitung seiner Angelegenheiten anvertrauen. — 4. Goûter : genießen. — 5. Empoisonné : giftig. — 6. Donner : verschaffen. — 7. Il me faut : ich brauche.

1. Mode personnel. Prop. comm. par da ich,.... — 2. Qu'irais-je : was sollte ich. — 3. Suppléez um; acc. — 4. Perdre : zu Grunde richten. — 5. Devoir : verdanken. — 6. Innocent : harmlos.

j'y goûte. Retournez, ô Hégésippe, retournez vers le roi; aidez-lui à supporter les misères de la grandeur, et faites auprès de lui ce que vous voudriez que je fisse. »

FÉNELON.

Les rois d'Egypte.

Le royaume[1] était héréditaire; mais les rois étaient obligés, plus que tous les autres, à vivre selon les lois. Ils en avaient de particulières qu'un roi avait digérées[2], et qui faisaient une partie des livres sacrés. Ce n'est[3] pas qu'on disputât[4] rien aux rois, ou que personne eût droit de les contraindre; au contraire, on les respectait comme des dieux : mais c'est qu'une coutume ancienne avait tout réglé, et qu'ils ne s'avisaient[5] pas de vivre autrement que leurs ancêtres. Ainsi ils souffraient sans peine non-seulement que la qualité des viandes et la mesure du boire et du manger leur fût marquée, mais encore que toutes leurs heures fussent destinées[6].

En s'éveillant au point du jour, lorsque l'esprit est le plus net et les pensées les plus pures, ils lisaient leurs lettres, pour prendre une idée plus droite et plus véritable des affaires qu'ils avaient à décider.

1. Le royaume : die Königswürde. — 2. Digérer : (rédiger) in Ordnung vertheilen. — 3. Suppr. « c'est que. » — 4. Disputer, contester : streitig machen. — 5. S'aviser : sich es einfallen lassen. — 6. Destiner : bestimmen.

Sitôt qu'ils étaient habillés, ils allaient sacrifier au temple[1]. Là, environnée de toute leur cour, et les victimes étant à l'autel, ils assistaient à une prière pleine d'instruction, où le pontife priait les dieux de donner[2] au prince toutes les vertus royales, en sorte qu'il fût religieux[3] envers les dieux, doux envers les hommes, modéré, juste, magnanime, sincère et éloigné du mensonge, libéral, maître de lui-même, punissant au-dessous du mérite et récompensant au-dessus. Le pontife parlait ensuite des fautes que les rois pouvaient commettre; mais il supposait toujours qu'ils n'y tombaient que par surprise ou par ignorance, chargeant d'imprécations[4] les ministres qui leur donnaient de mauvais conseils, et leur déguisaient[5] la vérité. Telle était la manière d'instruire les rois.

Bossuet.

1. Tournez : « ils allaient au temple là (bort) pour sacrifier. » — 2. Donner : verleihen. — 3. Religieux : fromm. — 4. Imprécation : bie Verwünschung. — 5. Déguiser : verstellen.

III

PORTRAITS, TABLEAUX, DÉFINITIONS.

De la langue allemande.

Un des grands avantages des dialectes germaniques, en poésie, c'est la variété et la beauté de leurs épithètes. L'allemand, sous ce rapport aussi, peut se comparer au[1] grec; l'on sent dans un seul mot plusieurs images, comme, dans la note fondamentale d'un accord, on entend les autres sons dont il est composé[2], ou comme certaines couleurs réveillent en nous la sensation de celles qui en dépendent. L'on ne dit en français que ce qu'on veut dire, et l'on ne voit point errer autour des paroles ces nuages à mille formes, qui entourent la poésie des langues du nord et réveillent une foule de souvenirs. A[3] la liberté de former une seule épithète de deux ou trois se joint celle d'animer le langage, en faisant[4] des

1. Employez le passif. — 2. Tournez : « desquels (aus denen), il consiste (er besteht). — 3. A : mit. — 4. Tournez par un temps per-

noms avec les verbes ; *le vivre, le vouloir, le sentir*, sont des expressions moins abstraites que la vie, la volonté, le sentiment ; et tout ce qui tend [5] à changer [6] la pensée en action donne toujours plus de mouvement au style.

La facilité de renverser [1] à son gré la construction de la phrase est aussi très-favorable [2] à la poésie, et permet d'exciter, par les moyens variés de la versification, des impressions analogues [3] à celles de la peinture et de la musique. Enfin l'esprit général des dialectes teutoniques, c'est l'indépendance. Les écrivains cherchent avant tout à transmettre ce qu'ils sentent ; ils diraient volontiers à la poésie comme Héloïse à Abailard : s'il y a un mot plus vrai, plus tendre, plus profond encore pour exprimer ce que j'éprouve, c'est celui-là que je veux choisir. Le souvenir des convenances [4] de société poursuit en France le talent jusque dans ses émotions les plus intimes, et la crainte du [5] ridicule est l'épée de Damoclès, qu'aucune fête de l'imagination ne peut faire oublier.

Mᵐᵉ DE STAËL (*l'Allemagne*).

sonnel avec inbem. — 5. Tendre à : barauf zielen. — 6. Changer : verwandeln.

1. Renverser à son gré : nach Willen umkehren. — 2. Favorable : förberlich. — 3. Tournez : « qui sont.... » — 4. Convenances de société : bie gesellschaftlichen Verhältnisse. — 5. La crainte de : bie Furcht vor ; datif.

Alexandre le Grand.

Alexandre fit une grande conquête. Voyons comment il se conduisit. On a assez parlé de sa valeur, parlons de sa prudence.

Les mesures qu'il prit [1] furent justes. Il ne partit [2] qu'après avoir achevé d'accabler les Grecs; il ne se servit de cet accablement que pour l'exécution de son entreprise. Il ne laissa rien derrière qui pût être contre lui. Il attaqua les provinces maritimes; il fit suivre à son armée de terre les côtes de la mer pour n'être point séparé de sa flotte. Il se servit admirablement bien de la discipline contre le nombre; il ne manqua point de subsistances; et, s'il est vrai que la victoire lui donna tout, il fit aussi tout pour se procurer la victoire.

Voilà comme [3] il fit ses conquêtes; il faut [4] voir comment il les conserva.

Il résista à ceux qui voulaient qu'il traitât les Grecs comme maîtres et les Perses comme esclaves. Il ne songea qu'à [1] unir les deux nations et à faire perdre les distinctions [2] du peuple conquérant et du peuple vaincu. Il abandonna après la conquête tous les préjugés qui lui avaient servi à la faire [3]. Il prit les mœurs des Perses pour ne point désoler [4] les Perses

---

1. Prendre des mesures : Maßregeln treffen. — 2. Il ne partit que : er brach erst.... auf. — 3. Voilà comme : so. — 4. Il faut : wir wollen.

1. Ne songer qu'à : nur darauf bedacht seyn. — 2. Faire perdre les distinctions : den Unterschied aufheben. — 3. A la faire : dazu. — 4. Désoler :

en leur faisant prendre [5] les mœurs des Grecs. C'est
ce qui fit [6] qu'il marqua tant de respect pour la femme
et pour la mère de Darius, et qu'il montra tant de
retenue ; c'est ce qui le fit tant regretter des Perses.
Qu'est-ce que ce conquérant qui est pleuré de tous les
peuples qu'il a soumis ? Qu'est-ce que cet usurpateur
sur la mort duquel la famille qu'il a renversée du
trône [7] verse des larmes ? C'est un trait de cette vie
dont les historiens ne nous disent pas que quelque
autre conquérant se puisse vanter.

Alexandre, qui cherchait à unir les deux peuples,
songea à faire [1] dans la Perse un grand nombre de
colonies grecques. Il bâtit une infinité de villes, et il
cimenta si bien toutes les parties de ce nouvel empire, qu'après sa mort, dans le trouble et la confusion des plus affreuses guerres civiles, après que les
Grecs se furent pour ainsi dire anéantis eux-mêmes,
aucune province de Perse ne se révolta.

Pour ne point trop épuiser la Grèce et la Macédoine, il envoya à Alexandrie une colonie de Juifs ; il
ne lui importait nullement [2] quelles mœurs eussent
ces peuples, pourvu qu'ils lui fussent fidèles.

Les rois de Syrie, abandonnant le plan du fonda-
teur de l'empire, voulurent obliger les Juifs à prendre les mœurs des Grecs ; ce qui donna à [3] leur état
de terribles secousses.

Montesquieu.

---

zur Verzweiflung bringen. — 5. Faire prendre, imposer : aufbringen. —
6. C'est ce qui fit : deßwegen. — 7. Renverser du trône : vom Throne stoßen.

1. Faire des colonies : Kolonien anlegen. — 2. Il ne lui importait
nullement : es lag ihm nicht daran. — 3. Donner à : verursachen in, datif.

Tacite.

Tacite n'est populaire que pour les politiques ou les philosophes; c'est le Platon de l'histoire. La sensibilité[1] est trop raffinée pour le vulgaire[2]. Pour le comprendre, il faut avoir vécu dans les tumultes[3] de la place publique ou dans les mystérieuses intrigues des palais. Otez la liberté, l'ambition et la gloire à ces scènes, qu'y reste-t-il? Ce sont les trois grands acteurs[4] de ses drames. Or, ces trois passions sont inconnues au peuple, parce que ce sont des passions de l'esprit et qu'il n'a que les passions du cœur. Nous nous en aperçûmes à la froideur et à l'étonnement que ces fragments répandaient autour de nous.

DE LAMARTINE.

❈

Molière.

Molière est tellement grand, qu'on est toujours frappé d'étonnement lorsqu'on le relit; c'est un homme complet. Ses pièces touchent au[1] tragique; elles vous captivent, et personne n'a le courage de marcher sur ses traces[2]. Son *Avare*, dans lequel le vice ruine[3] toute affection entre le père et le fils, a

---

1. Sensibilité : die Empfindsamkeit. — 2. Le vulgaire : die Alltags-menschen. — 3. Le tumulte : das Getümmel. — 4. Grand acteur : der Hauptträger.

1. Toucher à : gränzen an, accus. — 2. Marcher sur les traces : es einem nachthun. — 3. Ruiner : aufheben.

un caractère particulier de grandeur dramatique ; mais si, comme un imitateur allemand, vous convertissez le fils en un parent, vous affaiblissez le rôle et il n'a plus guère de signification. On craint de voir apparaître le vice sous sa véritable forme.... Mais quel effet en obtenez-vous autrement?

Je lis tous les ans quelques comédies de Molière, de même que, de temps à autre, je contemple mes gravures d'après les grands maîtres italiens. Nous autres petites gens, nous ne sommes point capables de conserver en nous de si riches trésors, et nous devons en conséquence y revenir quelquefois [4] pour renouveler [5] nos impressions.

GOETHE (Entretiens).

Bossuet et Massillon.

Il se trouva immédiatement après Fénélon un prélat éloquent et respectable qui donna [1] aux préceptes de raison et de liberté l'autorité de la parole de Dieu, et qui leur imposa pour bornes la religion et la soumission aux lois. Tel fut le caractère de la suave éloquence de Massillon. Bossuet avait fait retentir dans la chaire toutes les maximes qui établissent le pouvoir absolu des rois et des ministres de la religion. Il avait eu en mépris [2] les opinions et les volontés des hommes, et il avait voulu les soumettre entièrement au joug. Massillon qui ne vivait pas,

----

4. Quelquefois : von Zeit zu Zeit. — 5. Renouveler : anfrischen.

1. Donner : verleihen. — 2. Avoir en mépris : Verachtung vor... (datif)

comme Bossuet, sous un gouvernement noble et imposant[3] sur lequel on pût s'en reposer[4] pour la gloire de la nation, ne fut pas inspiré de la même manière. En exhortant[5] les citoyens à l'obéissance, il rappela[6] sans cesse au prince qu'il fallait la mériter en respectant les droits de la nation.

Il fit entendre la vérité à un jeune roi[1] qui profita[2] bien mal de ses hautes leçons, et dont la conduite accrut par la suite un sentiment qui commençait dès lors à se montrer ouvertement, le mépris de l'autorité.

Son éloquence participa du[3] caractère de ses opinions. Elle ne fut pas, comme celle de Bossuet, puissante par la hauteur[4] et l'énergie, par une sorte d'âpreté et de terreur[5] qui subjuguent et terrassent les esprits. Massillon ne s'empare[6] point de la persuasion par autorité[7] et de vive force[8]. La marche de ses pensées est plus graduée. Il les développe, amène par degrés le lecteur à les partager; s'animant peu à peu d'une sainte chaleur[9], il remplit les cœurs, et par une route différente, produit aussi tous les nobles effets de l'éloquence[10].

... hegen. — 3. Imposant : ehrfurchtgebietend. — 4. S'en reposer : sich auf — accus. — verlassen. — 5. Employez un temps personnel. — 6. Rappeler : einen an — accus. — mahnen.

1. Trad. par l'accus. — 2. Profiter : sich zu Nutze machen. — 3. Zusammenhängen .... mit .... — 4. Hauteur : die Erhabenheit. — 5. Tournez : « par quelque chose d'âpre (herb) et qui inspire la terreur (furchterregend). — 6. S'emparer de : erzwingen. — 7. Autorité : (die) Selbstmacht. — 8. Vive force : offene Gewalt. — 9. S'animer d'une sainte chaleur : in heiliger Gluth entbrennen. — 10. Éloquence : die Redekunst.

On doit encore observer [1] qu'il usa de la langue d'une autre manière. Bossuet, versé profondément dans les lettres saintes, plein [2] d'une érudition que la controverse [3] avait rendue nécessaire, Bossuet transporta dans ses discours le langage de l'écriture, les formes simples et audacieuses des locutions orientales; et la langue céda à [4] la force de sa pensée. Massillon se conforma davantage au génie plus timide qu'avait pris notre langue. On avait déjà beaucoup écrit. On était habitué à des formes de style consacrées [5] par de grands succès : il n'était plus possible de disposer [6] aussi librement du langage, et de lui donner un caractère individuel et original.

DE BARANTE (Tableau de la littérature).

Descartes et Buffon.

On doit observer, dans les écrits et la science de Buffon, les traces [1] du temps où il vivait. Un siècle auparavant, un homme s'était comme lui occupé de [2] l'étude de la nature. Descartes avait eu [3] aussi la noble ambition de la connaître; mais, ce qui avait surtout agité son esprit, c'était la liaison de la nature morale à la nature physique. Pendant toute sa vie, il

---

1. Observer : in Betracht nehmen. — 2. Plein de : überströmend von. 3. Controverse : theologische Streitigkeiten. — 4. Céder à : sich bequemen — zu. — 5. Consacrer : die Weihe ertheilen; rendez ce participe par une proposition subordonnée. — 6. Disposer de : verfügen über, acc.

1. Observer les traces du temps : der Zeit nachspüren. — 2. S'occuper : sich abgeben mit. — 3. Avoir l'ambition : den Ehrgeiz hegen. —

s'occupa à leur trouver [4] un centre commun; et, en lisant ses ouvrages, on voit combien cette importante question pesa [5] sur son âme. Pascal lui reprocha d'avoir fait tout son possible pour se passer de [6] Dieu dans son système, sans songer qu'un tel génie ne pouvait rendre un plus éclatant hommage à la Divinité et à toutes les idées morales.   DE BARANTE.

L'abbé Fleury et Rollin.

L'abbé Fleury, auquel tous les partis, d'un commun accord [1], ont donné le surnom de judicieux [2], est l'auteur de l'Histoire ecclésiastique, travail immense où l'on trouve plus que de l'érudition. Dans son livre sur le choix et la méthode des études, il a montré un sens droit et juste, un amour vif et éclairé de l'antiquité, sans pédanterie ni affectation.

Rollin, qui vécut loin du monde, tout entier [3] aux devoirs de son état, sut les retracer avec simplicité. Il chercha à inspirer à la jeunesse le goût de [4] toutes les choses honnêtes, en même temps que l'amour des lettres. Il écrivit l'histoire avec simplicité, sans la dessécher [5] ni la dénaturer [6]; il ne la travailla [7] pas de manière à en faire la démonstration d'un système, comme depuis on l'a vu quelquefois.   DE BARANTE.

4. Trouver : ausfinden. — 5. Peser : lasten. — 6. Se passer de : entbehren, accus.

1. D'un commun accord : gemeinschaftlich. — 2. Judicieux : verständig. — 3. Tout entier : ganz hingegeben. — 4. Le goût de : die Neigung zu. — 5. Dessécher : seicht machen. — 6. Dénaturer : entstellen. — 7. Travailler : bearbeiten.

Le cardinal Fleury.

Ce vieillard eut assez d'habilité pour finir ses jours tranquillement au sein du pouvoir, mais pas assez de force ni de clairvoyance pour donner plus de durée[1] aux effets de son gouvernement. Il sembla ne s'inquiéter que[2] de terminer doucement et sans contrariétés sa longue carrière. Sa pensée fut imprévoyante, comme l'est souvent celle de l'extrême vieillesse. Lorsqu'en refusant une grâce à l'abbé de Bernis, le cardinal lui dit : « Vous ne l'obtiendrez pas, tant que je vivrai, le jeune homme répondit : J'attendrai ; » et peu d'années après[3] il gouverna la France. Il semble qu'il en ait été de même pour l'influence[4] des opinions nouvelles. Elle fut suspendue pendant la vie du ministre ; quand il ne fut plus, elles exercèrent un empire absolu.

De Barante.

Le chancelier d'Aguesseau.

D'Aguesseau, citoyen plein de constance et de vertu au milieu de la corruption universelle, ne céda[1] jamais ni aux séductions du vice, ni aux abus de l'autorité ; il occupa ses loisirs par l'étude des

---

1. Donner de la durée : Dauer verleihen. — 2. Ne s'inquiéter que : sich bloß darum kümmern. — 3. Peu d'années après : wenige Jahre darauf. — 4. Pour l'influence : in Betreff des Einflußes.

1. Céder, nachgeben, avec le datif. —

lettres et des sciences, et donna un des derniers exemples de la conduite que pouvait tenir un magistrat dans la monarchie française, en suivant[2] les traces qu'avaient laissées dans cette carrière tant de vertueux prédécesseurs. On retrouve dans son style, plein de gravité[3] et de douceur, tout le caractère de sa vie. Il cultiva[4] les sciences exactes et la littérature étrangère. Ainsi il suivit[5] un des premiers le genre d'études qui allait s'unir peu de temps après à des opinions nouvelles; mais sa piété et son attachement aux devoirs sévères de la magistrature le tinrent écarté de l'esprit qui commençait à régner[6] dans les lettres, comme de la dépravation des mœurs.

DE BARANTE.

Bayle.

D'ordinaire les écrivains se servent du doute pour détruire[1] ce qui existe, afin d'y substituer leur opinion; c'est une arme qu'ils emploient pour conquérir. Chez Bayle, le doute est un but et non pas un moyen; c'est un équilibre parfait entre toutes les opinions. Rien ne fait pencher la balance[2]. L'esprit de parti[3], les préjugés, l'influence de l'éloquence, les séductions de l'imagination, rien ne touche Bayle; rien ne peut le déterminer. Toutes les opinions lui

---

2. Tournure personnelle. — 3. Gravité : ber Ernſt. — 4. Cultiver : pflegen, v. f. génitif. — 5. Suivre : ſich widmen (se vouer). — 6. Régner : ob-herrſchen.

1. Détruire : aufheben. — 2. Faire pencher la balance : bie Wage finken laſſen. — 3. L'esprit de parti : ber Parteigeiſt. —

semblent probables; quand il en trouve de mal dé-
fendues, il s'en empare et vient à leur appui[4], pour
qu'elles ne perdent pas leur cause. Chose étrange[5]! il
semble se complaire dans une telle incertitude; son
âme n'est point oppressée et déchirée par cette ignorance des questions qui importent le plus à l'homme.

De Barante.

Marivaux.

Observateur minutieux[1] du genre humain, il s'é-
tait fait une étude[2] particulière de reconnaître les
plus petits motifs de nos sentiments et de nos déter-
minations. C'est là son talent et l'on ne peut disconvenir de la vérité[3] de ses observations, mais il ne
faut pas[4] se laisser abuser par ce genre de mérite,
et l'on doit remarquer, qu'en en faisant parade[5],
on en diminue l'effet. Marivaux ne nous donne pas
les résultats de son observation, mais l'acte même
de l'observation. Les paroles de chaque personnage
sont toujours arrangées de façon à montrer que la
théorie de son cœur était bien connue de l'auteur.
Une scène de Molière est une représentation de la
nature; une scène de Marivaux est un commentaire
sur la nature. Avec une telle manière de procéder, il
ne reste plus que peu de place pour l'action et pour
le sentiment.

De Barante.

---

4. Venir à l'appui : zur Hülfe kommen. — 5. Chose étrange: sonderbar.

1. Minutieux : sorgfältig. — 2. Se faire une étude : sich zum Studium
machen. — 3. Disconvenir de la vérité : die Wahrheit in Abrede ziehen.
— 4. Il ne faut pas : man darf nicht. — Faire parade : zur Schau
stellen.

Voltaire.

Souvent, au milieu de la scandaleuse ivresse [1] où semblaient le plonger la vanité et le désir d'influer sur son siècle, il eut des retours de raison [2]. Il voulut résister, en quelques choses [3], à l'impulsion qu'il avait partagée et rendue plus active. Dans ses derniers ouvrages, à travers cette variation continuelle [4] d'opinions et de systèmes, de ces assertions toujours absolues et qui se contredisent sans cesse, on retrouve parfois des réflexions profondément sensées [5], une juste appréciation du misérable esprit qui régnait autour de lui. C'est alors qu'on regrette qu'il [6] ait eu cette mobilité continuelle, ce défaut de réflexion, et surtout cet amour immense [7] des louanges et de la mode. Lui seul, armé de toutes les puissances [8] de son esprit, pouvait retarder un peu le cours des opinions menaçantes qui s'accumulaient de tous côtés, et qui, combattues avec faiblesse ou mauvaise foi, acquéraient encore plus de force par cette résistance impuissante.

DE BARANTE.

1. Scandaleuse ivresse : (der) Taumel des Aergernisses. — 2. Avoir des retours à la raison : Zur Besinnung zurückkehren. — 3. En quelques choses : einigermaßen. — 4. Variation continuelle : fortwährender Wechsel. — 5. Profondément sensé : höchst vernünftig. — 6. Ne rendez pas « c'est que ». Inversion. — 7. Amour immense : die unmäßige Vorliebe zu. — 8. Puissance : die Gewalt, sing.

L'abbé Raynal.

De tous les écrivains qui ont fait servir l'histoire à étaler des systèmes[1] et des raisonnements, l'abbé Raynal est celui qui eut le plus de renommée[2]. Le succès, plus que le mérite de l'histoire des *Deux Indes*, nous impose l'obligation d'en parler. Raynal, après quelques essais obscurs[3], fit paraître ce grand ouvrage[4]. Beaucoup de personnes vantent l'utilité de son livre et l'exactitude des notions positives qu'il renferme[5]. Il paraît qu'elles sont exactes pour tout ce qui se rapporte au[6] commerce et aux arts. L'exposition des faits historiques montre, au contraire, peu d'érudition et de critique. Mais l'illustration de cette histoire tient spécialement au[7] caractère de la philosophie de Raynal. Peut-être aucun auteur jusqu'alors n'avait-il manqué à un tel point de raison dans les idées et de mesure dans la manière de les exprimer[8].

DE BARANTE.

Klopstock.

Ceux qui ont connu Klopstock le respectent autant qu'ils l'admirent. La religion, la liberté, l'amour, ont

---

1. Étaler des systèmes : Syſteme aufſtellen. — 2. Avoir le plus de renommée : im größten Ruf ſtehen. — 3. Essai obscur : ein unbekannter Verſuch). — 4. Faire paraître un ouvrage : ein Werk herausgeben. — 5. Renfermer : enthalten. — 6. Se rapporter à : ſich beziehen auf, accus. 7. Tenir spécialement à : beſonders mit (dativ) zuſammenhangen. — 8. Exprimer : ausſprechen.

occupé[1] toutes ses pensées ; il professa[2] la religion par l'accomplissement de tous ses devoirs ; il abdiqua[3] la cause même de la liberté quand le sang innocent l'eut souillée, et la fidélité consacra[4] les attachements de son cœur. Jamais il ne s'appuya de son imagination pour justifier aucun écart ; elle exaltait son âme sans l'égarer.

On dit que sa conversation était pleine d'esprit, et même de goût ; qu'il aimait l'entretien[5] des femmes, et surtout celui des Françaises, et qu'il était bon juge de ce genre d'agréments que la pédanterie réprouve. Je le crois facilement, car il y a toujours quelque chose d'universel dans le génie, et peut-être tient-il par des rapports secrets à la grâce, du moins à celle de la nature.

Combien un tel homme était loin de l'envie, de l'égoïsme, des fureurs de vanité[6] dont plusieurs écrivains se sont excusés au nom de leurs talents ! S'ils en avaient davantage, aucun de ces défauts ne les aurait agités.

Mme DE STAËL.

Wieland.

De tous les Allemands qui ont écrit dans le genre français[1], Wieland est le seul dont les ouvrages aient du génie, et quoiqu'il ait presque toujours imité les

---

1. Occuper : einnehmen. — 2. Professer la religion : sich zur Religion bekennen. — 3. Abdiquer : sich lossagen von.... — 4. Consacrer : die Weihe verleihen. — 5. Aimer l'entretien : sich in der Unterhaltung gefallen. — 6. Fureurs de vanité : rasende Eitelkeit.

1. Tournez : « d'après manière française » et supprimez l'auxiliaire.

littératures étrangères, on ne peut[2] méconnaître les grands services qu'il a rendus à sa propre littérature, en perfectionnant[3] sa langue et lui donnant une versification plus facile et plus harmonieuse.

Il y avait en Allemagne une foule d'écrivains qui tâchaient de suivre les traces de la littérature française du siècle de Louis XIV ; Wieland est le premier qui ait introduit avec succès celle du dix-huitième siècle. Dans ses écrits en prose il a quelques rapports[4] avec Voltaire, et dans ses poésies avec l'Arioste. Mais ces rapports, qui sont volontaires, n'empêchent pas que sa nature au fond ne soit tout à fait allemande. Wieland est infiniment plus instruit que Voltaire ; il a étudié les anciens d'une façon plus érudite qu'aucun poëte ne l'a fait en France. Les défauts comme les qualités de Wieland ne lui permettent[5] pas de donner à ses écrits la grâce et la légèreté française.

Mme DE STAËL.

Herder.

Les hommes de lettres en Allemagne, sont à beaucoup d'égards, la réunion[1] la plus respectable que le monde éclairé puisse offrir, et parmi ces hommes, Herder mérite encore une place à part : son âme[2], son génie et sa moralité tout ensemble[3] ont illustré sa vie. Ses écrits peuvent être considérés sous

---

— 2. Pouvoir : bürfen. — 3. Tournure personnelle : inbem er, 2c. — 4. Avoir quelques rapports : gewißermaßen im Verhältniß ftehen. — 5. Permettre : geftatten.

1. Réunion : ber Verein. — 2. Ame : baß Gemüth. — 3. Tout en-

trois[4] rapports différents : l'histoire, la littérature et la théologie. Il s'était fort occupé de l'antiquité en général, et des langues orientales en particulier. Son livre intitulé *la Philosophie de l'Histoire*[5] est peut-être le livre allemand écrit avec le plus de charme. On n'y trouve pas la même profondeur[6] d'observations politiques que dans l'ouvrage de Montesquieu, sur les causes de la grandeur et de la décadence des Romains ; mais comme Herder s'attachait à pénétrer[7] le génie des temps les plus reculés, peut-être que la qualité qu'il possédait au suprême degré, l'imagination, servait mieux que toute autre à le faire connaître. Il faut ce flambeau pour marcher dans les ténèbres. C'est une lecture délicieuse que les divers chapitres de Herder sur Persépolis et Babylone, sur les Hébreux et sur les Égyptiens ; il semble qu'on se promène au milieu de l'ancien monde avec un poëte historien qui touche les ruines de sa baguette et reconstruit[8] à nos yeux les édifices abattus.

Mme DE STAËL.

Lessing.

Lessing était toujours animé[1] dans ses écrits par un mouvement hostile contre les opinions qu'il attaquait, et l'humeur donne du relief aux idées[2].

semble : fämmtlich. — 4. Trois : breierlei. — 5. Trad. par : Ideen zur Geschichte ber Menschheit. — 6. Profondeur : die Gründlichkeit. — 7. S'attacher à pénétrer : barauf beflissen seyn zu bringen in, accus. — 8. Reconstruire : wieber aufbauen.

1. Être animé : getrieben werben. — 2. Donner du relief aux idées : die

Il s'occupa tour à tour[3] du théâtre, de la philosophie, des antiquités, de la théologie, poursuivant partout la vérité comme un chasseur qui trouve encore plus de plaisir dans la course que dans le but. Son style a quelque rapport avec la concision vive et brillante des Français; il tendait[4] à rendre l'allemand classique : les écrivains de la nouvelle école embrassent[5] plus de pensées à la fois; mais Lessing doit être plus généralement admiré; c'est un esprit neuf et hardi, et qui reste néanmoins à la portée[6] du commun des hommes; sa manière de voir[7] est allemande, sa manière de s'exprimer européenne. Dialecticien spirituel et serré dans ses arguments, l'enthousiasme pour le beau remplissait cependant le fond de son âme; il avait une ardeur sans flamme, une véhémence philosophique toujours active, et qui produisait par des coups redoublés des effets durables.

Mme DE STAËL.

Schiller.

Il n'y a pas une plus belle carrière que celle des lettres quand on la suit comme Schiller. Il est vrai qu'il y a[1] tant de sérieux et de loyauté dans tout en Allemagne, que c'est là seulement qu'on peut[2] connaître d'une manière complète le caractère et les de-

---

Ideen hervorheben. — 3. S'occuper tour à tour de : sich abwechselnd mit — dat. — abgeben. — 4. Il tendait : er strebte; suppléez : darnach. — 5. Embrasser : umfassen. — 6. A la portée : im Bereich. — 7. Manière de voir : die Anschauungsweise.

1. Il est vrai qu'il y a : Es gibt zwar.— 2. Qu'on peut seulement là.

voirs de chaque vocation. Néanmoins Schiller était admirable entre tous par ses vertus autant que par ses talents. La conscience était sa muse ; celle-là n'a pas besoin d'être invoquée, car on l'entend[2] toujours quand on l'écoute[3] une fois. Il aimait la poésie, l'art dramatique, l'histoire, la littérature pour elle-même. Il aurait été résolu[4] à ne point publier ses ouvrages, qu'il y aurait donné le même soin ; et jamais aucune considération, tirée ni du succès, ni de la mode, ni des préjugés, ni de tout ce qui vient des autres enfin, n'aurait pu lui faire altérer[5] ses écrits ; car ses écrits étaient lui, ils exprimaient son âme, et il ne concevait pas la possibilité de changer une expression, si le sentiment intérieur qui l'inspirait n'était pas changé.

Sans doute, Schiller ne pouvait pas être exempt d'amour-propre. S'il en faut[1] pour aimer la gloire, il en faut même pour être capable d'une activité quelconque ; mais rien ne diffère autant dans ses conséquences que la vanité et l'amour de la gloire ; l'une tâche d'escamoter[2] le succès, l'autre veut le conquérir ; l'une est inquiète d'elle-même et ruse avec l'opinion[3] ; l'autre ne compte que sur la nature et s'y fie[4] pour tout soumettre. Enfin, au-dessus même de l'amour de

---

2. Entendre : die Stimme vernehmen. — 3. Écouter : hören auf, accus. — 4. Tournez : « Eût-il été une fois résolu. » Le « que » se traduira par so, comme dans toutes les phrases conséquentes. Rejet du sujet. — 5. Altérer : verfälschen.

1. S'il en faut : wenn diese (die Eigenliebe) nöthig ist. — 2. Escamoter : wegstehlen. — Conquérir : erzwingen. — 3. Ruser avec l'opinion : mit der öffentlichen Meinung hinterlistig umgehen. — 4. Se fier : sich ver-

de la gloire, il y a encore un sentiment plus pur, l'amour de la vérité, qui fait des hommes de lettres comme les prêtres guerriers d'une noble cause; ce sont eux qui désormais doivent garder le feu sacré; car de faibles femmes ne suffiraient plus comme jadis pour le défendre [5].

Mme DE STAËL.

Gœthe.

Gœthe dispose [1] du monde poétique, comme un conquérant du monde réel, et se croit assez fort pour introduire comme la nature le génie destructeur dans ses propres ouvrages. S'il n'était pas un homme estimable, on aurait peur [2] d'un genre de supériorité qui s'élève au-dessus de tout, dégrade et relève, attendrit et persifle, affirme et doute alternativement, et toujours avec le [3] même succès.

J'ai dit que Gœthe possédait à lui seul les traits principaux [4] du génie allemand; on les trouve tous en lui à un degré éminent : une grande profondeur d'idées, la grâce qui naît [5] de l'imagination, grâce plus originale que celle que donne l'esprit de société; enfin une sensibilité quelquefois fantastique, mais par cela même plus faite pour intéresser des lecteurs qui cherchent dans les livres de quoi varier leur destinée monotone, et veulent, que la poésie leur tienne lieu d'événements véritables.

laſſen auf, accus. — 5. Défendre : in Schutz nehmen.

1. Disposer de : ſchalten und walten in; datif. — 2. Avoir peur de : ſich ſcheuen vor, datif. — 3. Supprimez l'article; trad. même par gleich — 4. Trait principal : (der) Hauptzug. — 5. Naître : entſtehen.

Si Gœthe était Français, on le ferait parler du matin au soir : tous les auteurs contemporains de Diderot allaient puiser des idées dans son entretien, et lui donnaient une jouissance habituelle par l'admiration qu'il inspirait.

En Allemagne on ne sait pas dépenser son talent dans la conversation, et si peu de gens, même parmi les plus distingués, ont l'habitude[1] d'interroger et de répondre, que la société n'y compte pour presque rien ; mais l'influence de Gœthe n'en est pas moins extraordinaire. Il y a une foule d'hommes en Allemagne qui croiraient trouver[2] du génie dans l'adresse[3] d'une lettre, si c'était lui qui l'eût mise[4]. L'admiration pour[5] Gœthe est une espèce de confrérie dont les mots de ralliement servent à faire connaître les adeptes les uns aux autres. Quand les étrangers veulent aussi l'admirer, ils sont rejetés avec dédain, si quelques restrictions[6] laissent supposer qu'ils se sont permis d'examiner des ouvages qui gagnent cependant beaucoup à l'examen. Un homme ne peut exciter un tel fanatisme sans avoir de grandes facultés pour le bien et pour le mal, car il n'y a que[7] la puissance, dans quelque genre que ce soit, que les hommes craignent assez pour l'aimer de cette manière.

Mme DE STAËL.

1. Avoir l'habitude : pflegen. — 2. Trouver : aufbinben, verſpüren. — 3. Adresse : die Aufſchrift. — 4. Mettre : ſchreiben. — 5. Pour : vor ; datif. — 6. Si quelques restrictions : wenn etwaiger Vorbehalt. — 7. Tournez : « Car seulement, etc. — craignent les hommes, etc. »

Titus ou l'activité.

Titus se lève seul et sans feu pendant l'hiver, et quand ses domestiques entrent dans sa chambre, ils trouvent déjà sur sa table un tas de lettres qui attendent la poste[1]. Il commence à la fois plusieurs ouvrages qu'il achève avec une rapidité inconcevable, et que son génie impatient ne lui permet pas de polir[2]. Quelque chose qu'il entreprenne[3], il lui est impossible de la retarder : une affaire qu'il remettrait[4] l'inquièterait jusqu'au moment qu'il pourrait la reprendre. Occupé de soins si sérieux, on le rencontre souvent dans le monde comme les hommes les plus désœuvrés. Il ne se renferme pas dans une seule société ; il cultive[5] en même temps plusieurs sociétés ; il entretient des relations sans nombre au dedans et au dehors du royaume. Il a voyagé, il a écrit, il a été à la cour et à la guerre ; il excelle[6] en plusieurs métiers, et connaît tous les hommes et tous les livres.

VAUVENARGUES.

L'homme amusant.

Si vous dites aux hommes, et surtout aux grands, qu'un tel a de la vertu, ils vous disent : qu'il la

---

1. Qui attendent la poste : welche zur Post beförbert werben follen. — 2. Polir : abfeilen. Tournez : lesquels de polir son génie, etc. — 3. Construisez avec le verbe mögen et l'infinitif. — 4. Remettre : verzögern. — 5. Cultiver : befuchen. — 6. Exceller : Vortreffliches leisten.

garde[1] ; qu'il a bien de l'esprit, de celui surtout qui plaît et qui amuse, ils vous répondent : tant mieux pour lui ; qu'il a l'esprit fort cultivé[2], qu'il sait beaucoup, ils vous demandent quelle heure il est, ou quel temps il fait. Mais si vous leur apprenez qu'il y a un Tigillin qui souffle[3] ou qui jette en sable[4] un verre d'eau-de-vie, et, chose merveilleuse, qui y revient à plusieurs fois en un repas, alors ils disent : où est-il ? amenez-le moi demain ; ce soir me l'amènerez-vous ? On le leur amène. Et cet homme, propre à parer les avenues d'une foire, à être montré en chambre pour de l'argent, ils l'admettent[5] dans leur familiarité.

LABRUYÈRE.

❁

La prétention déplacée.

Un homme d'esprit n'est point jaloux d'un ouvrier qui a travaillé[1] une bonne épée, ou d'un statuaire qui vient d'[2]achever une belle figure. Il sait qu'il y a dans ces arts une règle et une méthode qu'on ne devine point ; qu'il y a des outils à manier dont il ne connaît ni l'usage, ni le nom, ni la figure ; et il lui suffit de penser qu'il n'a point fait l'apprentissage d'un certain métier, pour se consoler de n'y être point maître. Il peut, au contraire, être susceptible d'envie et même de jalousie contre un ministre et contre

---

1. Construisez avec mögen. — 2. Cultivé : gebildet. — 3. Souffler : ausschlürfen. — 4. Jeter en sable : rein ausleeren. — 5. Ne rendez pas le pronom régime.

1. Travailler : bearbeiten. — 2. Venir de : eben — adverbe qui si-

ceux qui gouvernent, comme si la raison et le bon sens[3], qui lui sont communs avec eux, étaient les seuls instruments qui servent à régir un état, et à présider[4] aux affaires publiques, et qu'ils dussent suppléer aux règles, aux préceptes, à l'expérience.

LABRUYÈRE.

※

Les outrages du temps.

Le temps n'outrage[1] que l'homme ; quand les rochers s'écroulent, quand les montagnes s'abîment[2] dans les vallées, la terre change seulement de face ; un aspect nouveau excite dans notre esprit de nouvelles pensées, et la force vivifiante subit une métamorphose, mais non[3] un dépérissement ; les ruines des beaux-arts parlent à l'imagination ; elle reconstruisent ce que le temps a fait disparaître, et jamais peut-être un chef-d'œuvre dans tout son éclat n'a pu donner l'idée de la grandeur autant que les ruines même de ce chef-d'œuvre. On se représente les monuments à moitié détruits, revêtus de toutes les beautés qu'on suppose[4] toujours à ce qu'on regrette[5].

Mme DE STAËL.

gnifie : « précisément. » — 3. Le bon sens : ber gejunbe Menſchenver⸗ ſtanb. — 4. Présider : vorſtehen.

1. Outrager : nagen an, datif. Littéralement : « ronger à, sur l'homme. » Comp. le latin : *tempus edax.* — 2. S'abîmer : zuſammenſtürzen. — 3. Mais non : boch nicht. — 4. Supposer : anbichten. — 5. Regretter : vermiſſen (*desiderare*).

※

La condition des grands.

A Paris règne la liberté et l'égalité. La naissance, la vertu, le mérite même de la [1] guerre, quelque brillant qu'il soit [2], ne sauve pas un homme de la foule dans laquelle il est confondu ; la jalousie des rangs y est inconnue. On dit que le premier de Paris est celui qui a [3] les meilleurs chevaux à [4] son carrosse.

Un grand seigneur est un homme qui voit le roi, qui parle aux ministres, qui a des ancêtres, des pensions [5] et des dettes. S'il peut avec cela cacher son oisiveté par un air empressé, ou par un feint [6] attachement pour les plaisirs, il croit être le plus heureux de tous les hommes.

En Perse, il n'y a de grands que ceux à qui le monarque donne quelque part au gouvernement. Ici, il y a des gens qui sont grands par leur naissance ; mais ils sont sans crédit [7]. Les rois font comme ces ouvriers habiles qui, pour exécuter leurs ouvrages, se servent toujours des machines les plus simples.

MONTESQUIEU (Lettres persanes).

※

L'homme du monde.

On dit que l'homme est un animal sociable. Sur ce pied-là [1] il me paraît que le Français est plus homme

---

1. De la : im. — 2. Constr. avec mögen et l'inf. — 3. Subjonctif. — 4. A : an, datif. — 5. Pension : der Gnadengehalt. — 6. Feindre : erkünsteln. — 7. Crédit : der Einfluß.

1. Sur ce pied là : in dieser Beziehung.

qu'un autre : c'est l'homme par excellence; car il semble être fait uniquement pour la société.

Mais j'ai remarqué parmi eux des gens qui non-seulement sont sociables, mais sont eux-mêmes la société universelle. Ils se multiplient[2] dans tous les coins[3] et peuplent en un instant les quatre quartiers d'une ville : cent hommes de cette espèce abondent plus que deux mille citoyens; ils pourraient réparer aux yeux des étrangers les ravages de la peste ou de la famine. On demande dans les écoles si un corps peut être en un instant en plusieurs lieux : ils sont une preuve de ce que les philosophes mettent en question.

Ils sont toujours empressés, parce qu'ils ont l'affaire importante[4] de demander à tous ceux qu'ils voient où ils vont et d'où ils viennent.

On ne leur ôterait[1] jamais de la tête qu'il est de la bienséance de visiter chaque jour le public en détail, sans compter les visites qu'ils font en gros dans les lieux où l'on s'assemble; mais comme la voie[2] en est trop abrégée, elles sont comptées pour rien dans les règles de leur cérémonial.

Ils fatiguent[3] plus les portes des maisons à coups de marteau[4] que les vents et les tempêtes. Si l'on allait examiner la liste de tous les portiers, on y trouverait chaque jour leur nom estropié de mille manières en caractères suisses. Ils passent leur vie à la

2. Se multiplier : ſich vervielfältigen. — 3. Coin : das Ende; dans : an, dat. — 4. J'ai l'affaire importante : mir kommt das wichtige Geſchäft zu. Die Sache liegt mir ob.

1. Oter de la tête : aus dem Sinn bringen. — 2. La voie : das Mittel; suppléez : dazu. — 3. Fatiguer : einrennen. — 4. Marteau : der Klöpfer.

suite d'un enterrement, dans des compliments de condoléance[5] ou dans des sollicitations de mariage. Le roi ne fait point de gratification à quelqu'un de ses sujets qu'il ne leur en coûte une voiture pour lui en aller témoigner leur joie. Enfin ils reviennent chez eux bien fatigués se reposer, pour pouvoir reprendre le lendemain leurs pénibles fonctions.

Un d'eux mourut l'autre jour de[1] lassitude; et on mit cette épitaphe sur son tombeau : « C'est ici que repose celui qui ne s'est jamais reposé. Il s'est promené à cinq cent trente enterrements. Il s'est réjoui à la naissance de deux mille six cent quatre-vingts enfants. Les pensions dont[2] il a félicité ses amis, toujours en des termes différents, montent à[3] deux millions six cent mille livres; le chemin qu'il a fait sur le pavé a neuf mille six cents stades; celui qu'il a fait dans la campagne en a trente-six. Sa conversation était amusante; il avait un fonds tout fait[4] de trois cent soixante-cinq contes; il possédait d'ailleurs, depuis son jeune âge, cent dix-huit apophthegmes tirés des anciens, qu'il employait dans les occasions brillantes. Il est mort enfin à la soixantième année de son âge. Je me tais, voyageur; car comment pourrais-je achever de te dire[5] ce qu'il a fait et ce qu'il a vu. »

MONTESQUIEU.

— 5. Compliments de condoléance : Beileibsbezeugung.

1. Mourir de : sterben vor, datif. — 2. Dont : worüber. — 3. Monter à : sich belaufen auf, accus. — 4. Tout fait : zur Hand stehend. — 5. Achever de dire : abzählen.

La tête et le cœur.

Tous les gens dont la tête est mauvaise s'attribuent
en conséquence un bon cœur, et rien n'est plus absurde cependant que de se supposer des qualités,
parce qu'on se[1] sent des défauts ; cette grande négative
est très-peu certaine, car de ce que[2] l'on[3] manque de
raison, il ne s'ensuit pas du tout[4] qu'on ait de la sensibilité : la folie n'est souvent qu'un égoïsme impétueux.

Le génie et la bonne foi devraient être inséparables,
au moins dans un homme de lettres. La pensée ne
peut-être mise à l'égal de l'action que[5] quand elle ré-
veille en nous l'image de la vérité ; le mensonge est
plus dégoûtant encore dans les écrits que dans la conduite. Les actions, même trompeuses, restent encore
des actions, et l'on sait à quoi se prendre[6] pour les
juger ou les haïr ; mais les ouvrages ne sont qu'un
amas fastidieux de vaines paroles, quand ils ne partent[7] pas d'une conviction sincère.

Mᵐᵉ DE STAËL.

⊗

L'étude du passé.

Pour bien posséder[1] les livres et les travaux des
temps passés, il faut avoir pour eux quelque amour[2]

---

1. Se : in fich. — 2. De ce que : weil. — 3. Traduisez par le pronom :
einer, e, es. — 4. Il ne s'ensuit pas du tout : fo folgt gar nicht baraus.
— 5. Ne... que : erft. — 6. A quoi se prendre : woran man fich halten
foll. — 7. Partir : ausgehen.

1. Posséder : inne haben. — 2. Amour, préférence : die Vorliebe. —

et quelque estime; il faut se complaire dans tous leurs détails et prendre confiance en[3] leur mérite. Lorsque, au contraire, on veut seulement rechercher leur substance, et qu'on dédaigne leur forme, on étudie sans goût et sans suite; on croit toujours en savoir assez, on se persuade que tout est inutile, parce que rien ne semble agréable. Ce fut de cette sorte que l'instruction devint superficielle en France; on rechercha[4] seulement le charlatanisme du savoir[5], afin d'appuyer d'une manière apparente la vérité du raisonnement; et avec ce prétendu amour[6] pour les connaissances positives, jamais on ne fut moins nourri[7] d'une érudition réelle.

DE BARANTE.

La manie des livres.

Bien des gens achètent[1] des livres, non point pour orner leur esprit, mais pour décorer leurs murailles[2]. Cette manie qui n'est point nouvelle et que Sénèque a signalée[3] dans un de ses ouvrages, fait de l'homme un tapissier très-peu intelligent, mais prodigue à défaut de talent. Les Latins disaient, en parlant des lectures : *non multa sed multum*, parole profonde dont le sens est celui-ci : les œuvres parfaites sont en très-petit nombre, mais elles exigent de la part de celui

---

3. Prendre confiance en : Vertrauen faſſen zu, dat. — 4. Rechercher : trachten nach, datif. — 5. Charlatanisme du savoir : das prunkende Wiſſen. — 6. Amour prétendu : ſogenannte Vorliebe. — 7. Nourrir : ausſtatten.

1. Acheter : auſkaufen. — 2. Muraille (paroi) : die Wand. — 3. Signaler quelque chose : auf etwas (acc.) deuten.

qui les étudie [4] une attention constante, un culte [5] assidu et qui ne doit se porter sur aucun objet frivole ou secondaire. C'est par là seulement qu'on arrive [6] à ces connaissances sérieuses, seules dignes [7] d'un homme bien né, lesquelles font le charme de sa vie et contribuent [8] au délassement et à l'instruction des personnes qui le fréquentent. J.-N. Ch....

L'espérance.

Il est [1] dans le ciel une puissance divine, compagne assidue [2] de la religion et de la vertu. Elle nous aide à supporter la vie, s'embarque avec nous pour nous montrer le port dans les tempêtes, également douce et secourable aux voyageurs célèbres, aux passagers inconnus. Quoique ses yeux soient couverts d' [3] un bandeau, ses regards pénètrent l'avenir. Quelquefois elle tient des fleurs naissantes [4] dans sa main, quelquefois une coupe pleine d'une liqueur enchanteresse [5]. Rien n'approche [6] du charme de sa voix, de la grâce de son sourire. Plus elle s'avance [7] vers le tombeau, plus elle se montre pure et brillante aux mortels consolés. La foi et la charité lui disent : « Ma [8] sœur, » et elle se nomme l'espérance. CHATEAUBRIAND.

— 4. Étudier : fich in etwas (acc.) einftubiren. — 5. Culte : bie Pflege. — 6. Arriver : gelangen. — 7. Employez une proposition subord. — 8. Contribuer : beitragen.

4. Il est : es gibt. — 2. Assidu : treu. — 3. Couvert de : bebeckt mit. — 4. Naissant : auffprießenb. — 5. Liqueur enchanteresse. Composez un subst. à l'aide de ber Trank et de ber Zauber. — 6. Approcher : gleich-fommen. — 7. S'avancer : näher rücken. — 8. Ne traduisez pas ce pron.

Le ciel étoilé[1].

C'[2]est un spectacle toujours nouveau pour moi que celui de contempler le ciel étoilé, et je n'ai pas à me reprocher d'avoir fait un seul voyage, ni même une simple promenade nocturne, sans payer[3] le tribut d'admiration que je dois aux merveilles du firmament. Quoique je sente toute l'impuissance[4] de ma pensée dans ces hautes méditations, je trouve[5] un plaisir inexprimable à m'en occuper. J'aime à penser que ce n'est point le hasard qui conduit jusqu'à mes yeux cette émanation des[6] mondes éloignés, et chaque étoile verse[7] avec sa lumière un rayon d'espérance dans mon cœur.

X. DE MAISTRE.

Siècle de Louis XIV.

Il faut le reconnaître[1], tout ce qui a fait la gloire de Louis XIV, ministres, généraux, écrivains, tous avaient reçu la naissance et l'éducation à une époque où son gouvernement n'avait pas encore pris son assiette. Leur génie fut, pour ainsi dire, trempé[2] dans

---

1. Der Sternenhimmel. — 2. Rejetez le sujet après le verbe et commencez par l'attribut. Supprimez « que. » — 3. Payer : zollen. — 4. L'impuissance : das Unzulängliche. — 5. Trouver : empfinden. — 6. Supprimez l'article. — 7. Verser : herabsenken.

1. Reconnaître : bekennen. — 2. Tremper : stählen.

un temps où les âmes avaient plus de vigueur et de liberté. Quoi qu'il en soit, cette première génération d'hommes[3] une fois épuisée, elle ne se renouvela pas. L'influence du roi ne fit rien naître de semblable autour de lui. Son éclat commença à se ternir quand il eut perdu ce noble cortége. L'obéissance continua à être la même, le souverain fut toujours entouré de toutes les apparences[4] du respect; mais l'admiration et l'enthousiasme n'y étaient plus.

Cependant la vie oisive de la cour[1], la conversation[2] des femmes, avaient détruit ce caractère de gravité que les Français avaient eu jadis et les avaient amenés à une frivolité qui s'est encore accrue depuis. Le spectacle du désordre n'inspirait pas ces haines vigoureuses que doivent ressentir les âmes honnêtes. Il répandit[3] une certaine indifférence pour les principes, un esprit de doute sur des opinions que les hommes avaient jusqu'alors respectées, une habitude de se jouer[4] de tout; un cynisme déhonté, qui, après avoir couvé longtemps pendant la vieillesse de Louis XIV et avoir affligé ses derniers regards, finirent par[5] s'asseoir sur le trône dans la personne de Philippe d'Orléans.

De Barante.

---

3. Génération d'hommes : das Menschengeschlecht. — 4. Apparences : der Anschein, au singulier.

1. La vie de cour : das Hofleben. — 2. Conversation : der Verkehr mit; suppr. l'article. — 3. Répandre : gang und gäbe machen. — 4. Se jouer : tändeln. — 5. Finir par : endlich.

Littérature du dix-huitième siècle.

Tous les souverains voulurent connaître les moindres détails de cette littérature, objet des conversations de l'Europe entière. Ils vinrent eux-mêmes visiter ces hommes et ces académies qui illustraient la France : des peuples demandèrent [1] des constitutions aux philosophes; des hommes d'État se formèrent à leur école. Le gouvernement qui régnait alors luttait avec faiblesse et irrésolution [2] contre cette influence; mais comme la France ne devait [3] à ce gouvernement ni gloire ni puissance; comme les armes étaient sans éclat, la cour sans dignité, les mœurs sans pudeur, l'État sans lois, les défenseurs de la religion sans bonne foi, l'opinion publique se tournait entièrement du côté [4] d'une philosophie qui flattait tous les amours-propres, qui dégageait de tous les liens et érigeait [5] en système le mépris du pouvoir, qu'il était en effet difficile de respecter.

La fin du dix-huitième siècle et les premières années du siècle suivant ont été signalées par des événements si importants, que tout l'ensemble [1] des affaires humaines en a été changé et renouvelé. La religion, les gouvernements, la distribution [2] des royaumes ont subi, non pas de simples modifications, mais des

---

1. Demander à : verlangen von. — 2. Avec faiblesse et irrésolution : lässig und unentschlossen. — 3. Devoir : verdanken, — 4. Se tourner du côté de : sich zuwenden et le datif. — 5. Ériger : aufstellen.

1. Traduisez par l'adjectif sämmtlich (collectif). — 2. Distribution

révolutions[3] complètes. Les idées des hommes sur la politique, sur la morale, sur toutes les choses enfin où s'exercent leurs facultés, ont aussi pris une autre direction. L'histoire ne pourrait peut-être pas montrer[4] un pareil exemple d'un changement aussi vaste, aussi complet et en même temps aussi rapide dans la face du monde.

DE BARANTE.

Dignité du malheur.

Si je suis dans la misère, si je ne jouis[1] d'aucune distinction parmi mes concitoyens ; si même je suis dans les chaînes, ce n'est pas que[2] la divinité m'ait jugé digne de toute sa haine ; car où est le maître qui ait en aversion le meilleur de ses serviteurs[3] ? Ce n'est pas non plus une suite du peu de soin que sa providence prend de moi ; car elle ne néglige pas la plus petite de ses créatures. Mais ce souverain maître veut mettre ma vertu à l'épreuve ; il veut connaître s'il y a en moi un sujet propre pour sa milice, un sujet digne d'habiter un jour sa cité sainte : il veut enfin que je serve d'exemple aux autres hommes, de la manière dont ils doivent se comporter dans les choses qui ne dépendent pas de leur choix.

ÉPICTÈTE (Manuel).

---

bie Eintheilung. — 3. Révolution : bie Umgeftaltung. — 4. Montrer : aufweifen.

1. Jouir : ſich erfreuen, génit. — 2. Ce n'est pas que : geſchieht es nicht. — 3. Tournez : « Auquel.... soit odieux. »

De la secte stoïque.

Les diverses sectes de philosophie chez les anciens étaient des espèces de [1] religions. Il n'y en a jamais eu dont les principes fussent plus dignes de l'homme et plus propres [2] à former des gens de bien que celle des Stoïciens ; si je pouvais un moment cesser de penser que je suis chrétien, je ne pourrais m'empêcher de [3] mettre la destruction [4] de la secte de Zénon au nombre des malheurs du genre humain.

Elle n'outrait que les choses dans lesquelles il y a de la grandeur : le mépris des plaisirs et de la douleur. Elle seule savait faire des citoyens ; elle seule faisait les grands hommes ; elle seule faisait les grands empereurs.

Pendant que les Stoïciens regardaient comme une chose vaine les richesses, les grandeurs humaines, la douleur, les chagrins, les plaisirs, ils n'étaient occupés qu'à travailler au [1] bonheur des hommes, à exercer les devoirs de la société ; il semblait qu'ils regardassent cet esprit sacré qu'ils croyaient être en eux-mêmes [2] comme une espèce de providence favorable qui veillait sur le genre humain.

Nés pour la société, ils croyaient tous que leur destin était de travailler pour elle, d'autant moins à

---

1. Espèce de : verſchiedenartig, adj. — 2. Propre : geeignet. — 3. S'empêcher de : umhin können. — 4. Destruction : die Aufhebung.

1. Au : am. — 2. Être en eux-mêmes : in ſich zu haben. —

charge[3] que leurs récompenses étaient toutes dans
eux-mêmes; qu'heureux par leur philosophie seule,
il semblait[4] que le seul bonheur des autres pût augmenter le leur.

J.-J. ROUSSEAU.

Napolitains et Siciliens.

L'homme du nord[1] travaille à la[2] sueur de son
front, parce qu'il a besoin d'une nourriture substan-
tielle, de vêtements chauds, de combustible et d'un
prix élevé[3], et qu'il ne veut pas se passer de[4] bois-
sons fermentées. Le sobre Italien et le Sicilien prennent une nourriture légère et sont légèrement vêtus.
Quoique leurs vins généreux soient dans certaines
localités à aussi bon marché que chez nous la bière
commune, l'ivrognerie est un vice très-rare. Je n'ai
vu en Italie qu'un ou deux hommes ivres. Sous un
ciel si doux, le besoin d'habitations calfeutrées[5] ou
spacieuses ne se fait nullement sentir, et les artisans
eux-mêmes travaillent dans[6] la rue pour la plupart. Le repos et l'ombre, voilà[7] leurs besoins naturels; de là l'oisiveté. Mais quelque[8] excusable
qu'elle soit, les conséquences n'en[9] sont pas moins
terribles.

3. A charge : zur Laſt. — 4. Semblait : traduisez par l'adverbe gleich-
ſam.

1. L'homme du nord : der Nordländer. — 2. A la : im. — 3. D'un
prix élevé : theuer. — 4. Se passer de : entbehren, acc. — 5. Calfeu-
tré : dicht. — 6. Dans : auf, dat. — 7. Voilà : ſolche ſind. — 8. Quelque que : ſo — auch, combiné avec mögen et un infin. Mögen à l'indic.
— 9. En : darum.

Une de ces conséquences c'est la multitude de
mendiants. Ils sont souvent effrontés[1], mais ils le
paraissent encore plus aux voyageurs qu'ils ne le sont
en réalité; on oublie trop souvent que les mendiants,
eux aussi, doivent participer à la vivacité de la nation[2]. On reproche aux Italiens et aux Siciliens d'être
intéressés[3] : il peut y avoir dans cette accusation
quelque chose de fondé; cependant j'ai trouvé parmi
eux, dans toutes les classes, des hommes généreux.
Il m'est arrivé[4] assez fréquemment, ainsi qu'à mes
compagnons de voyage, de voir des hommes du commun refuser toute espèce de récompense pour la
complaisance qu'ils avaient[5] montrée ou pour la peine
qu'ils avaient[5] prise. Du reste, ce n'est pas d'après
de telles gens, qui vivent exclusivement des étrangers, que l'on doit juger la nation.

Dans quelle erreur ne tomberait[1]-on pas, si l'on
voulait conclure de l'amour du gain que l'on peut
rencontrer[2] chez quelques aubergistes ou voituriers
de la Suisse allemande au caractère des Suisses allemands, le peuple le plus noble de l'univers ! Dans des
contrées où la nature produit beaucoup spontané-
ment ou avec bien peu de peine, il faudrait exci-

1. Effronté : unverſchämt. — 2. Tournez : « que la vivacité de la
nation doit se communiquer, » — 3. D'être intéressés : traduisez par
le substantif Eigennuß. — 4. Arriver : begegnen, auxiliaire ſeyn. —
5. Ne traduisez pas l'auxiliaire : employez les participes comme épithètes.

1. Tomber : gerathen. — 2. Ne traduisez pas : « que l'on peut rencon-

ter[3] les hommes au travail par de nouvelles voies ouvertes à l'industrie; mais ici le gouvernement néglige de l'encourager[4], ou, ce qui est pis encore, elle est entravée par des appréhensions absurdes[5].

Une imagination vive, fourvoyée[6] par une mauvaise instruction religieuse, produit la superstition, qui remplace le consciencieux accomplissement du devoir par des pratiques faciles; l'amour et la pureté du cœur par un bavardage extravagant[7]. La superstition amène l'immoralité et souvent l'incrédulité.

La libéralité de la nature et la négligence de l'éducation se révèlent[1] dans la conversation des Italiens, dans les belles lignes de leur physionomie, souvent contractées[2] par des affections violentes, dans leur voix trop éclatante, bien qu'harmonieuse à l'oreille[3], enfin dans la comparaison entre les enfants et les adultes. Nulle part je n'ai trouvé parmi le peuple plus d'enfants beaux et intelligents que dans ces contrées. Leurs premiers progrès sont rapides, mais bientôt arrêtés[4]. Nulle part je ne vis moins de bossus et d'hommes difformes de naissance; mais nulle part aussi il n'y a plus d'enfants contrefaits par défaut de[5] soin. Il n'y a, dans aucun autre pays, autant de borgnes, d'aveugles, de boiteux, d'hommes aux mains

trer. » — 3. Exciter, attirer à : loden zu. — 4. Encourager : aufmuntern. — 5. Appréhension absurde : widerfinnige Sorgfalt. — 6. Fourvoyé : mißgeleitet. — 7. Bavardage extravagant : finnloses Gewäsch.

1. Se révéler : fich fund geben. — 2. Contracter : verziehen. — 3. Harmonieux à l'oreille : das Ohr ergötzend. — 4. Arrêter : hemmen. — 5. Par défaut de : aus Mangel an, dat.

desséchées, d'estropiés de toute espèce, qu'en Italie et en Sicile, mais surtout en Italie.

L. DE STOLLBERG.

Le pont du Gard.

L'aspect de ce simple et noble ouvrage me saisit [1] d'autant plus qu'il est au milieu d'un désert, où le silence et la solitude rendent l'objet plus frappant [2] et l'admiration plus vive ; car ce pont n'était qu'un aqueduc. On se demande quelle force a transporté ces pierres énormes si loin de toute carrière, et a réuni les bras de tant de milliers d'hommes dans un lieu où il n'en habite aucun. Je parcourus les trois étages de ce superbe édifice que le respect m'empêchait presque d'oser fouler sous [3] mes pieds. Le retentissement de mes pas sous ces voûtes me faisait croire [4] entendre la forte voix de ceux qui les avaient bâties. Je me perdais comme un insecte dans cette immensité. Je sentais, tout en me faisant petit, je ne sais quoi qui m'élevait l'âme, et je me disais en soupirant que ne suis-je [5] né Romain ! Je restai là, plusieurs heures, dans une [6] contemplation ravissante.

J.-J. ROUSSEAU.

1. Me saisit : ergriff mich ; que : ba. — 2. Frappant : auffallenb. — 3. Fouler sous : treten mit. — 4. Croire : wähnen ; entendre : « que j'entendais. » — 5. Que ne suis-je : warum bin ich nicht ein Römer.... — 6. Suppr. « une. »

La religion chrétienne.

Il n'est pas donné à tous de bien entendre les sublimes[1] vérités de la religion chrétienne, ni de voir parfaitement en soi-même cette merveilleuse image des choses divines que saint Augustin et les Pères ont crue si certaine. Les sens nous gouvernent[2] trop ; et notre imagination, qui se veut mêler dans toutes nos pensées, ne nous permet[3] pas toujours de nous arrêter sur[4] une lumière si pure. Nous ne nous connaissons pas nous-mêmes ; nous ignorons[5] les richesses que nous portons[6] dans le fond de notre nature ; et il n'y a que[7] les yeux les plus épurés qui les puissent apercevoir. Mais si peu que nous[8] entrions dans ce secret, et que nous sachions remarquer en nous l'image des mystères qui font le fondement[9] de notre foi, c'en est assez pour nous élever au-dessus de tout, et rien de mortel ne nous pourra plus toucher[10].

Bossuet.

L'amour de la gloire.

On peut poser pour maxime que, dans chaque État, le désir de la gloire[1] croît avec la liberté des su-

---

1. Sublime : șeȟr. — 2. Gouverner : beȟerrſchen. — 3. Permettre : geſtatten. — 4. S'arrêter sur : ſich verweilen bei. — 5. Ignorer : unbewußt ſeyn, génit. — 6. Porter : ȟegen. — 7. Il n'y a que : nur. — 8. Si peu que nous : wenn wir nur ein wenig... — 9. Le fondement : die Grundlage. — 10. Toucher : bewegen.

1. Désir de la gloire : die Ruȟmſucȟt.

jets, et diminue[2] avec elle ; la gloire n'est jamais compagne de la servitude.

Un homme de bon sens[3] me disait l'autre jour : on est en France, à bien des égards[4], plus libre qu'en Perse; aussi y aime-t-on plus la gloire. Cette heureuse fantaisie fait faire à un Français, avec plaisir et avec goût, ce que notre sultan n'obtient de ses sujets qu'en leur mettant[5] sans cesse devant les yeux les supplices et les récompenses.

Aussi, parmi nous, le prince est-il jaloux de[6] l'honneur du dernier de ses sujets. Il y a pour le maintenir des tribunaux respectables : c'est le trésor sacré de la nation, et le seul dont le souverain n'est pas le maître, parce qu'il ne peut l'être sans choquer[7] ses intérêts. Ainsi, si un sujet se trouve blessé dans son honneur par son prince, soit par quelque préférence, soit par la moindre marque de mépris, il quitte sur-le-champ sa cour, son emploi, son service et se retire chez lui.   MONTESQUIEU.

Le génie.

Il serait plus aisé de décrire les symptômes[1] du talent que de lui donner des préceptes ; le génie se sent[2] comme l'amour par[3] la profondeur même de

2. Croître : zu-, diminuer : abnehmen. — 3. De bon sens : verständig. — 4. A bien des égards : in mancher Rücksicht. — 5. Mettre devant les yeux : vor Augen bringen. — 6. Jaloux de : eifersüchtig auf, acc. — 7. Choquer : gefährden.

1. Symptôme : das Kennzeichen. — 2. Se sent, tournez : « on sent » (empfinden). — 3. Par : an, dat.

comme Médée, ranimer [5] par un nouveau sang d'anciens souvenirs.

Mme DE STAËL.

❖

La médisance et l'oisiveté.

Les jeunes gens, à peine sortis de l'école, se hâtent de prendre possession [1] de l'oisiveté comme de la robe virile ; les hommes et les femmes s'épient les uns les autres dans les moindres détails, non pas précisément par méchanceté, mais pour avoir quelque chose à dire quand ils n'ont rien à penser. Ce genre de causticité journalière détruit [2] la bienveillance et la loyauté. On n'est pas content de soi-même, quand on abuse de l'hospitalité donnée ou reçue pour critiquer ceux avec qui l'on passe sa vie, et l'on empêche ainsi toute affection profonde de naître ou de subsister ; car, en écoutant les moqueries sur ceux qui nous sont chers, on flétrit [3] ce que l'affection a de pur et d'exalté ; les sentiments dans lesquels on n'est pas d'une vérité parfaite font plus de mal que l'indifférence.

Mme DE STAËL.

❖

La méchanceté et l'ignorance.

Il y a quelquefois de la méchanceté [1] dans les gens d'esprit [2] ; mais le génie est presque toujours plein

---

5. Ranimer : auffrifdjen.

1. Prendre possession : in Befitz nehmen. — 2. Détruire : aufheben.
3. Flétrir : fdmälern.

1. Il y a quelquefois de la méchanceté : Bosheit spuft mitunter. — 2. Gens

de bonté. La méchanceté vient, non pas de ce qu'on a trop d'esprit, mais de ce qu'on n'en a pas assez. Si l'on pouvait parler sur les idées, on laisserait en paix les personnes; si l'on se croyait assuré de l'emporter sur[3] les autres par ses talents naturels, on ne chercherait pas à niveler le parterre sur lequel on veut dominer. Il y a des médiocrités d'âmes déguisées en esprit piquant et malicieux[4]; mais la vraie supériorité est rayonnante de bons sentiments comme de hautes pensées.

L'habitude des occupations intellectuelles inspire une bienveillance éclairée pour les hommes et pour les choses; on ne tient plus à soi comme à un être privilégié : quand on en sait beaucoup sur la destinée humaine, on ne s'irrite plus de chaque circonstance, comme d'une chose sans exemple.

Mᵐᵉ DE STAËL.

L'ignorance savante.

La direction de la littérature et de la philosophie n'a pas été bonne en France dans la dernière partie du dix-huitième siècle; mais, si l'on peut s'exprimer ainsi, la direction de l'ignorance est encore plus redoutable, car aucun livre ne fait mal à celui qui les lit tous. Si les oisifs du monde, au contraire, s'occupent quelques instants, l'ouvrage qu'ils rencontrent fait événement[1] dans leur tête, comme l'arrivée d'un

---

d'esprit : witzbegabte Menschen. — 3. L'emporter sur : es einem zuvor thun. — 4. Malicieux : hämisch.

1. Faire événement : Aufsehen erregen.

étranger dans un désert ; et lorsque cet ouvrage contient des sophismes[2] dangereux, ils n'ont point d'arguments à y opposer. La découverte de l'imprimerie est vraiment funeste pour ceux qui ne lisent qu'à demi ou par hasard ; car le savoir, comme la lance de Télèphe, doit guérir les blessures qu'il a faites[3].

L'ignorance au milieu des raffinements de la société est le plus odieux de tous les mélanges : elle rend, à quelques égards[4], semblable aux sauvages qui n'estiment que l'adresse et la ruse ; elle porte à ne chercher que le bien-être et les jouissances physiques, à se servir d'un peu d'esprit pour tuer beaucoup d'âmes.

Mme DE STAËL.

Le chant du soir.

Une fois, en voyageant de Dresde à Leipzig, je m'arrêtai le soir à Meissen, petite ville placée sur une hauteur au-dessus de la rivière, et dont l'église renferme des tombeaux consacrés à d'illustres souvenirs. Je me promenais sur l'esplanade, et je me laissais aller[1] à cette rêverie que le coucher du soleil, l'aspect lointain du paysage, et le bruit de l'onde qui coule au fond de la vallée excitent si facilement dans notre âme. J'entendis alors les voix de quelques hommes du peuple, et je craignais d'écouter des paroles vulgaires, telles qu'on en chante[2] ailleurs dans les rues.

---

2. Sophisme : Sophismus ; plur. Sophismen. — 3. Faire une blessure : eine Wunde schlagen. — 4. A quelques égards : gewissermaßen.

1. Se laisser aller : sich hingeben. — 2. Telles qu'on en chante : verglei-

Quel fut mon étonnement, lorsque je compris le refrain de leur chanson : *Ils se sont aimés et ils sont morts avec l'espoir de se retrouver un jour!* Heureux pays que celui où de tels sentiments sont populaires, et répandent jusque dans l'air qu'on respire je ne sais quelle fraternité religieuse, dont l'amour pour le ciel et la piété pour l'homme sont le touchant[3] lien !

Mme DE STAËL.

Les grandes infortunes.

Les tyrans, les rois, les favoris de la fortune[1], fournissent[2] d'ordinaire à nos poëtes les sujets de leurs tragédies : les pauvres ne paraissent point sur nos théâtres, ou, s'ils y ont quelque place, ils y figurent à peu près comme un chanteur dans les chœurs. Rien de plus imposant que l'appareil des premiers dès l'entrée d'une pièce. Tout rit, tout prospère à ces dieux de la terre. On leur élève des autels; on orne leurs palais de couronnes, de festons et de bandelettes; mais nous devons nous souvenir qu'à la fin du troisième ou du quatrième acte ils s'écrient : « O Cithéron, pourquoi m'as-tu reçu? Que ne m'as-tu englouti dans ton sein au moment de[3] ma naissance ! »

ÉPICTÈTE (Manuel).

---

chen gesungen werben. — 3. Touchant : zart.

1.Favori de la fortune : das Schoßkind des Glücks. — 2. Fournissent....
Tournez : « nos poëtes empruntent aux.... »; commencer par le rég.
indir. — 3. Au moment de : gleich bei, dat.

Des maux de la guerre.

En vain, disait Philoclès, vous occuperez les jeunes gens à tous les exercices, si vous les laissez languir dans une paix continuelle, où ils n'auront aucune expérience de la guerre, ni aucun besoin de s'éprouver sur la valeur. Par là vous affaiblirez insensiblement la nation; les courages s'amolliront[1]; les délices corromperont les mœurs : d'autres peuples belliqueux n'auront aucune peine à les vaincre; et, pour avoir voulu[2] éviter les maux que la guerre entraîne après elle, ils tomberont dans une affreuse servitude.

Mentor répondit à Philoclès : « Les maux de la guerre sont encore plus horribles que vous ne pensez. La guerre épuise un État et le met toujours en danger de périr, lors même qu'on remporte les plus grandes victoires. Avec quelques[3] avantages qu'on la commence, on n'est jamais sûr de la finir sans être exposé aux plus tragiques renversements de la fortune[4].

« Avec quelque supériorité de force qu'on s'engage dans[1] un combat, le moindre mécompte, une terreur panique, un rien vous arrache la victoire qui était déjà dans vos mains, et la transporte chez vos ennemis. Quand même on tiendrait dans son camp la victoire comme enchaînée, on se détruit[2] soi-même

---

1. S'amollir : erſchlaffen. — 2. Tournure personnelle à substituer à l'infinitif. — 3. Quelque.... que : welcher (e, es).... auch; indic. — 4. Renversement de fortune : ber Glückwechſel.

1. S'engager dans : ſich einlaſſen in, acc. — 2. Se détruire : ſich auf-

en détruisant ses ennemis; on dépeuple son pays; on laisse les terres presque incultes, on trouble le commerce. Mais ce qui est bien pis, on affaiblit les meilleures lois, et on laisse corrompre les mœurs : la jeunesse ne s'adonne plus aux lettres; le pressant besoin fait qu'on souffre une licence[3] pernicieuse dans les troupes; la justice, la police, tout souffre de ce désordre. Un roi qui verse le sang de tant d'hommes et qui cause tant de malheurs pour acquérir un peu de gloire, ou pour étendre les bornes de son royaume, est indigne de la gloire qu'il cherche[4], et mérite de perdre ce qu'il possède, pour avoir voulu[5] usurper ce qui ne lui appartient pas. »

FÉNELON.

※

La tempérance.

Les plaisirs, pris[1] sans modération, abrégent plus les jours des hommes que les remèdes ne peuvent les prolonger. Les pauvres sont moins souvent malades faute de[2] nourriture, que les riches ne le deviennent pour en prendre trop. Les aliments qui flattent trop le goût, et qui font manger[3] au delà du besoin, empoisonnent au lieu de nourrir. Les remèdes sont eux-mêmes de véritables maux qui usent la nature, et dont il ne faut se servir que dans les pressants besoins. Le grand remède, qui est toujours

---

reiben. — 3. Licence : Zügellosigkeit. — 4. Chercher : nachstreben, datif. — 5. Employer le mode personnel.

1. Prendre : genießen. — 2. Faute de : aus Mangel an, dat. — 3. Faire

innocent[4], et toujours d'un usage utile, c'est la sobriété, c'est la tempérance dans tous les plaisirs, c'est la tranquillité de l'esprit, c'est l'exercice du corps. Par là on fait un sang doux et tempéré, et on dissipe[5] toutes les humeurs superflues.

FÉNELON.

Du bien que font les méchants.

Les méchants ne sont point des hommes incapables de faire le bien; ils le font indifféremment, de même que le mal, quand il peut servir à leur ambition. Le mal ne leur coûte rien à faire, parce qu'aucun sentiment de bonté ni aucun principe de vertu ne les retient; mais aussi ils font le bien sans peine, parce que leur corruption[1] les porte[2] à le faire pour paraître bons, et pour tromper le reste des hommes. A proprement parler, ils ne sont pas capables de la vertu, quoiqu'ils paraissent la pratiquer; mais ils sont capables d'ajouter à tous leurs autres vices le plus horrible des vices, l'hypocrisie.

FÉNELON.

manger : zum Effen antreiben. — 4. Innocent : unschädlich. — 5. Dissiper vertreiben.

1. Corruption : bie Verderbniß. — 2. Les porte à : fie bazu bewegt.

Des traditions fabuleuses.

Les premiers fondements de toute l'histoire sont les récits des pères aux enfants, transmis[1] ensuite d'une génération à une autre; ils ne sont tout au plus que probables dans leur origine, quand ils ne choquent[2] point le sens commun, et ils perdent un degré de probabilité à[3] chaque génération. Avec le temps la fable se grossit et la vérité se perd : de là vient que toutes les origines des peuples sont absurdes. Ainsi les Égyptiens avaient été gouvernés par les dieux pendant[4] beaucoup de siècles; ils l'avaient été ensuite par des demi-dieux; enfin ils avaient eu des rois pendant onze mille trois cent quarante ans; et le soleil, dans cet espace de temps, avait changé quatre fois d'Orient et d'Occident.

On sait quel merveilleux ridicule règne dans l'ancienne histoire des Grecs.

Les Romains, tout sérieux qu'ils étaient, n'ont pas moins enveloppé[1] de fables l'histoire de leurs premiers siècles. Ce peuple, si récent en comparaison des nations asiatiques, a été cinq cents années sans historiens. Ainsi il n'est pas surprenant que Romulus ait été le fils de Mars, qu'une louve ait été sa nourrice, qu'il ait marché[2] avec mille hommes de son village de Rome contre vingt-cinq mille combattants du

1. Transmettre : überliefern, inséparable. — 2. Choquer : zuwiderlaufen, dat. — 3. A : bei. — 4. Pendant : hindurch; accus. (après son régime).

1. Envelopper : umnebeln; insép. — 2. Marcher : rücken avec l'auxi-

village des Sabins; qu'ensuite il soit devenu dieu; que Tarquin l'Ancien ait coupé[3] une pierre avec un rasoir, et qu'une vestale ait tiré à terre[4] un vaisseau avec sa ceinture.

VOLTAIRE.

L'éducation.

Notre siècle, et encore plus notre nation, ont un besoin extrême d'être détrompés d'[1]une infinité d'erreurs et de faux préjugés qui deviennent tous les jours de plus en plus dominants[2], sur la pauvreté et les richesses; sur la modestie et le faste; sur la simplicité des bâtiments et des meubles, et sur la somptuosité et la magnificence; sur la frugalité et les raffinements de la bonne chère : en un mot, sur presque tout ce qui fait l'objet du mépris ou de l'admiration des hommes. Le goût public devient sur cela la règle des jeunes gens. Ils regardent comme estimable ce qui est estimé de tous. Ce n'est pas la raison, mais la coutume qui les guide. Un seul mauvais exemple serait capable de corrompre les jeunes gens susceptibles[3] de toutes sortes d'impressions. Que n'y a-t-il donc point à craindre[4] pour eux dans un temps où les vices sont passés en usage, et où la cupidité s'efforce d'éteindre[5] tout sentiment d'honneur et de probité?

ROLLIN.

---

liaire. — 3. Couper : durchſchneiden. — 4. Tirer à terre : an's Land ſchleppen.

1. Détromper : enttäuſchen über, accus. — 2. Dominant : vorherrſchend. — 3. Tournez : « qui sont... » — 4. Craindre : befürchten. — 5. Éteindre : vertilgen.

Des lettres anonymes.

Les Tartares sont obligés de mettre leur nom sur leurs flèches, afin que l'on connaisse la main dont elles partent[1]. Philippe de Macédoine ayant été blessé au siége d'une ville, on trouva sur le javelot : « Aster a porté ce coup mortel à Philippe. » Si ceux qui accusent un homme le faisaient en vue du bien public[2], ils ne l'accuseraient que devant les magistrats, lesquels ont des règles qui ne sont formidables qu'aux calomniateurs. Que s'ils ne veulent pas laisser les lois entre eux[3] et l'accusé, c'est une preuve qu'ils ont sujet de les craindre ; et la moindre peine qu'on puisse leur infliger[4], c'est de ne les point croire. Dans ce cas il faut dire avec l'empereur Constance : « Nous ne saurions soupçonner celui à qui il a manqué un accusateur, lorsqu'il ne lui manquait pas un ennemi. »

MONTESQUIEU.

La noblesse, soutien du trône.

La noblesse anglaise s'ensevelit avec Charles Ier sous les débris du trône, et, avant cela, lorsque Phi-

---

1. Tournez : « qui les envoie, décoche. » Décocher : abschnellen ou abschnellen. — 2. Le bien public : die öffentliche Wohlfahrt. — 3. Laisser entre : Raum gestatten zwischen. — 4. Infliger une peine : eine Strafe auferlegen.

lippe II fit entendre aux[1] Français le mot de liberté, la couronne fut toujours soutenue par cette noblesse, qui tient à honneur d'obéir à un roi, mais qui regarde comme la souveraine infamie[2] de partager la puissance avec le peuple.

On a vu la maison d'Autriche travailler[3] sans relâche à opprimer la noblesse hongroise. Elle ignorait de quel prix elle lui serait un jour. Elle cherchait chez ces peuples de l'argent qui n'y était pas; elle ne voyait pas des hommes qui y étaient. Lorsque tant de princes partageaient[4] entre eux ses États, toutes les pièces de sa monarchie immobiles et sans action tombaient, pour ainsi dire, les unes sur les autres. Il n'y avait de vie que dans cette noblesse qui s'indigna, oublia tout pour combattre, et qui crut qu'il était de sa gloire de périr et de pardonner.

Montesquieu.

Du droit de guerre.

La vie des États est comme celle des hommes. Ceux-ci ont droit de tuer dans le cas de la défense naturelle[1]; ceux-là ont droit de faire[2] la guerre pour leur propre conservation[3].

Entre les citoyens, le droit de la défense naturelle n'emporte[4] point avec lui la nécessité de l'attaque.

---

1. Accusatif au lieu du datif. — 2. Souveraine infamie : bie höchste Schmach. — 3. Suppléez : baran. — 4. Partager : sich theilen in, acc.

1. Défense naturelle : Selbstvertheidigung. — 2. Faire : führen. — 3. Formez un mot analogue à celui de la note 1. — 4. Emporter : her-

Au lieu d'attaquer, ils n'ont qu'à recourir aux tribunaux. Ils ne peuvent donc exercer le droit de cette
défense que dans les cas momentanés où l'on serait
perdu, si l'on attendait le secours des lois. Mais entre
les sociétés le droit de la défense naturelle entraîne[5]
quelquefois la nécessité d'attaquer, lorsqu'un peuple
voit qu'une plus longue paix en mettrait un autre
en état de le détruire, et que l'attaque est dans
ce moment le seul moyen d'empêcher[6] cette destruction.

Il suit de là[1] que les petites sociétés ont plus souvent le droit de faire la guerre que les grandes, parce
qu'elles sont plus souvent dans le cas de craindre
d'être détruites.

Le droit de la guerre dérive[2] donc de la nécessité
et de la justice. Si ceux qui dirigent la conscience
ou les conseils des princes ne se tiennent pas là, tout
est perdu; et lorsqu'on se fondera sur des principes
arbitraires de gloire, de bienséance, d'utilité, des
flots de sang inonderont la terre.

Que l'on ne parle pas surtout de la gloire du
prince : sa gloire serait son orgueil; c'est une passion
et non pas un droit légitime.

Il est vrai que[3] la réputation de sa puissance pourrait augmenter les forces de son État : mais la réputation de sa justice les augmenterait tout autant.

MONTESQUIEU.

---

beifü̈ren. — 5. Entraîner : mit ſich nachziehen. — 6. Empêcher : vorbeugen, datif.

1. Il suit de là : hieraus folgt. — 2. Dérive donc : leitet ſich alſo.... ab.
— 3. Il est vrai que : zwar.

Principes d'humanité.

Même en pleine[1] guerre un prince juste s'empare bien en pays ennemi de tout ce qui appartient au public, mais il respecte la personne et les biens des particuliers : il respecte les droits sur lesquels sont fondés les siens. La fin de la guerre étant la destruction de l'État ennemi, on a droit d'en tuer les défenseurs, tant qu'ils ont les armes à la main ; mais sitôt qu'ils les posent[2] et se rendent, cessant d'être ennemis ou instruments de l'ennemi, ils redeviennent simplement hommes, et l'on n'a plus de droit sur leur vie. Quelquefois on peut tuer l'État sans tuer un seul de ses membres : or, la guerre ne donne aucun droit qui ne soit nécessaire à sa fin. Ces principes ne sont pas fondés sur des autorités[3] de poëtes, mais ils dérivent de la nature des choses, et sont fondés[4] sur la raison.

J.-J. ROUSSEAU.

Des peuples vieillis.

Mille[1] nations ont brillé sur la terre qui n'auraient jamais pu souffrir de bonnes lois, et celles même qui l'auraient pu[2], n'ont eu dans toute leur durée qu'un

---

1. En pleine : mitten im. — 2. Poser les armes : bie Waffen ſtreďen ou nieberlegen. — 3. Autorité : bie Beweisſtelle. — 4. Être fondé : ſich grünben auf.

1. Mille : zahlloſe. — 2. Pouvoir : vermögen.

temps fort court pour cela. La plupart des peuples,
ainsi que des hommes, ne sont dociles que dans leur
jeunesse ; ils deviennent incorrigibles en vieillissant.
Quand une fois les coutumes sont établies et les préjugés enracinés, c'est une entreprise dangereuse et
vaine de vouloir les réformer ; le peuple ne peut pas
même souffrir qu'on touche à[3] ses maux pour les détruire, semblables à ces malades stupides et sans
courage[4] qui frémissent à l'aspect du médecin.

J.-J. ROUSSEAU.

Tribus rustiques de Rome.

Tout ce que Rome avait d'illustre[1] vivant aux
champs et cultivant la terre, on s'accoutuma[2] à ne
chercher que là les soutiens de la république. Cet
état, étant celui des plus dignes patriciens, fut honoré
de tout le monde : la vie simple et laborieuse des
villageois fut préférée à la vie oisive et lâche[3] des
bourgeois de Rome, et tel n'eût été qu'un malheureux prolétaire à la ville, qui, laboureur aux champs,
devint un citoyen respecté. Ce n'est pas sans raison,
disait Varron, que nos magnanimes[4] ancêtres éta-
blirent au village la pépinière de ces robustes et
vaillants hommes qui les défendaient en temps de
guerre et les nourissaient en temps de paix. Pline dit

3. Toucher à : Hand legen an. — 4. Sans courage : muthlos.

1. Tout ce que Rome avait d'illustre : alle angesehenen Römer. —
2. Suppléez : baran. — 3. Lâche : lässig. — 4. Magnanime : hochherzig.

ositivement que les tribus ¡des champs étaient honorées à cause des hommes qui les composaient, au
lieu qu'[5]on transférait par ignominie dans celles de
la ville les lâches qu'on voulait avilir.

J.-J. Rousseau.

Modération du sénat.

Sous le consulat[1] d'Acilius Glabrion et de Pison,
on fit là loi Acilia pour arrêter[2] les brigues. Aux
termes de cette loi, les coupables étaient condamnés
à une amende : ils ne pouvaient plus être admis
dans l'ordre des sénateurs et nommés à aucune magistrature. Dion dit que le sénat engagea les consuls
à la proposer[3], parce que le tribun C. Cornelius avait
résolu de faire établir des peines terribles contre ce
crime, à quoi le peuple était fort porté. Le sénat pensait que des peines immodérées jetteraient bien la
terreur dans les esprits[4], mais qu'elles auraient cet
effet[5] qu'on ne trouverait plus personne pour accuser, ni pour condamner; au lieu qu'en proposant
des peines modiques, on aurait des juges et des ac-
cusateurs.

Montesquieu.

5. Au lieu que : da hingegen.

1. Sous le consulat : unter den Konsuln. — 2. Arrêter : hemmen. —
3. Proposer une loi : ein Gesetz antragen. — 4. Les esprits : die Gemüther.
— 5. Avoir un effet : zur Wirkung haben.

Louis XIV roi absolu[1].

Le roi et la reine-mère, suivis d'une cour brillante, escortés par M. de Turenne, vinrent descendre[2] au Palais-Royal et reçurent les hommages de bon nombre de princes et de seigneurs encore engagés[3] la veille dans le parti de la Fronde. Le lendemain[4], un lit de justice fut convoqué[5] au Louvre. Louis XIV y parut dans tout l'éclat de la majesté royale, paré des grâces de la jeunesse et de la beauté. Les ducs de Vendôme et de Guise marchaient à ses côtés; d'autres ducs, pairs et maréchaux de France lui formaient un brillant cortége; une garde formidable le précédait; les cent-suisses entrèrent tambour battant[7] jusqu'au milieu de la salle où se tenait l'assemblée. Quatre années auparavant, à pareil jour, les magistrats avaient obtenu une déclaration fameuse, proclamée loi fondamentale de l'État, qui devait commencer une ère nouvelle et fonder la liberté publique sur l'autorité des parlements; les temps étaient bien changés.

Quand, après le cérémonial d'usage et les discours d'étiquette[1], le chancelier annonça qu'il allait donner lecture d'une[2] déclaration de Sa Majesté, l'assem-

1. Absolu : selbstherrschend. — 2. Descendre au : absteigen im. — 3. Être engagé dans un parti : zu einer Partei gehören. — 4. Le lendemain : Tags darauf. — 5. Convoquer un lit de justice : ein feierliches Gericht zusammenberufen. — 6. Paré de : ausgestattet mit. — 7. Tambour battant : mit Trommelschlag.

1. Discours d'étiquette : Staatsrede. — 2. Qu'il allait donner lectur

blée écouta dans un morne silence. Aucune voix ne
s'éleva dans le parlement pour réclamer[3] contre cette
déclaration. Elle fut partout reçue et enregistrée. Les
seigneurs et les magistrats exceptés de l'amnistie[4]
sortirent de Paris sans que le peuple en parût ému.
Bientôt l'esprit de la Fronde s'éteignit entièrement,
et l'autorité absolue trouva partout une obéissance
facile.

Peu de jours après son arrivée, le roi annonça
l'intention[5] de rappeler son ministre[6]; mais, au milieu de la soumission générale, le cardinal de Retz
inquiétait encore la cour. A travers la réserve dont il
enveloppait sa conduite, les vices et les vertus de son
caractère le signalaient comme le plus redoutable
adversaire d'un ministre favori et d'un maître des-
pote. Mazarin ne s'y trompa[7] point, et Anne d'Autriche se persuada facilement qu'il lui importait de se
venger. Le cardinal de Retz fut arrêté[8] au Louvre et
conduit au château de Vincennes.

Quelques semaines après[1], le cardinal Mazarin revint à Paris, le roi et la reine-mère allèrent au-devant de lui[2] jusqu'au Bourget et le conduisirent au
Louvre, où ses nièces furent aussi logées et traitées
avec une pompe royale. L'union de l'une d'elles avec

de : daß er (accus.) vorlesen wolle. — 3. Réclamer : Einrede thun. —
4. Exceptés de l'amnistie : denen Amnestie (Nichtgedenken) nicht zu Gute
kam, ou zu Theil ward. — 5. Annoncer l'intention : den Willen kund
thun. — 6. De rappeler son ministre : nach Rückberufung seines Ministers.
— 7. Ne s'y trompa point : ward nicht irre darüber. — 8. Arrêter : ver-
haften.

1. Après : darauf. — 2. Allèrent au-devant de lui : fuhren ihm entge-

le prince de Conti fut le prix de la pacification [3] de Bordeaux. Le prince de Condé ne conserva plus alors aucun point d'appui dans le royaume : toutes ses places s'étaient rendues, tous ses amis l'avaient abandonné [4]. Déclaré [5] criminel de lèse-majesté, condamné à mort par arrêt de tous les parlements du royaume, il persista dans la révolte et ne revint en France qu'après la paix des Pyrénées.

A son retour, Paris et la Cour présentaient une face nouvelle. Ceux des acteurs principaux de la Fronde qui vivaient encore avaient étrangément changé de rôles. Madame de Longueville et la Princesse Palatine édifiaient la France par les exemples de la plus haute vertu. Le duc de La Rochefoucault ne prétendait plus [6] qu'au titre de courtisan parfaitement poli. Le cardinal de Retz acheva sa vie dans les exercices d'une piété sincère; et, par une métamorphose plus extraordinaire encore, le prince de Condé lui-même plaça toute sa gloire à obtenir la faveur d'un maître et des honneurs à la cour.

DE SAINTE-AULAIRE (la Fronde).

La France nouvelle.

Je veux être juste envers le dix-huitième siècle, qui nous a laissé l'héritage [1] de tant de vérités utiles

---

gen. — 3. De la pacification : für die Unterwerfung von.... — 4. Abandonner : 1° verlaſſen; 2° im Stiche laſſen; 3° ſich von (datif) losmachen. — 5. Suppléez : zum. — 6. Ne prétendait plus que : machte keine weitere Anſprüche als auf; acc.

1. Laisser l'héritage : das Erbgut hinterlaſſen.

et de tant de principes bienfaisants: ce siècle auquel appartient plus qu'à aucun autre [2] la gloire d'avoir compris et respecté la dignité de l'homme [3]. Je ne condamnerai pas trop sévèrement des témérités inspirées par un patriotisme sincère et désintéressé. Certes, quand, à la fin du règne de Louis XV, la constitution [4] de la France n'était plus qu'un amas confus de pratiques surannées; quand les grands de la terre avaient laissé voir que la sagesse des vieilles traditions était à bout [5]; quand enfin l'obéissance due à un prince dissolu ne pouvait plus être ennoblie par le respect des peuples, il était naturel que le génie de la philosophie et des lettres se crût appelé [6] à venir en aide [7] à une société défaillante, et qu'au mal invétéré qu'avaient produit les préjugés et la routine, on proposât pour remède des innovations dont personne ne soupçonnait le danger.

Dans la grande lutte qui s'engagea entre une persistance obstinée et une sagesse téméraire, tous les sentiments généreux et toutes les mauvaises passions de l'homme éclatèrent des deux côtés. Il fallut de longs malheurs et des jours terribles pour attester l'impuissance des deux principes qui avaient prétendu s'exclure, et le fruit le plus précieux de notre révolution fut peut-être la certitude démontrée que ce n'est pas trop de la théorie et de l'expérience réunies pour mener les affaires du monde.

Après d'épouvantables orages, un soleil nouveau

2. Aucun autre : irgenb ein anberer, e, e8. — 3. La dignité de l'homme : menſchliche Würbe. — 4. Constitution : Verfaſſung. — 5. Que la sagesse était à bout : baß es mit ber Weisheit aus wäre. — 6. Appelé : berufen. — 7. Venir en aide : aufhelfen et le datif.

se leva sur la patrie[1]. Une main puissante rassembla les débris nombreux qui jonchaient la terre[2]; Napoléon présida à nos destinées[3], et son premier soin fut de s'entourer des forces morales que l'ancien gouvernement n'avait pas su se concilier[4]. Il ne voulut pas seulement, comme Louis XIV, que les sciences, les lettres et les arts fussent l'ornement de son trône, il les associa à[5] sa politique, et décora[6] des plus hautes dignités les savants, les littérateurs et les artistes. Une ère nouvelle commença alors. La société moderne n'existait pas aux mêmes conditions que l'ancienne. Aucune distinction n'appelait aux emplois publics une classe de citoyens préférablement aux autres. Il n'y avait plus de noblesse de robe ou d'épée qui se crût spécialement destinée à l'action; plus de gens de lettres ou de philosophes qui se contentassent du domaine de la pensée. Les barrières qui avaient séparé les professions et les intelligences comme les territoires et les législations, s'étaient abaissées[7]. La nouvelle France apparut belle et forte de son unité, et chacun de ses enfants s'élança[8] dans la carrière, certain de s'avancer aussi loin que[9] le porterait son génie.

DE SAINTE-AULAIRE.

1. Se leva sur la patrie : ging dem Vaterland auf. — 2. Qui jonchaient la terre : welche auf der Erbe umhergestreut lagen. — 3. Présider aux destinées : dem Schicksal obwalten. — 4. Se concilier : sich gewinnen. — 5. Associer à : verbinden mit. — 6. Décorer : ausstatten. — 7. S'abaisser : verschwinden. — 8. S'élança dans la carrière : trat kühn in die Bahn. — 9. Aussi loin que : so weit.

De la grandeur.

Les hommes aiment la grandeur; ils la haïssent, l'admirent, la méprisent. Ils l'aiment, parce qu'ils y voient tout ce qu'ils désirent[1], les plaisirs, les honneurs et la puissance; ils la haïssent, parce qu'elle les rabaisse et les humilie, et qu'elle leur fait sentir la privation de[2] ces biens; ils l'admirent, parce qu'ils en sont éblouis; ils la méprisent ou font semblant[3] de la mépriser, afin de s'élever dans leur imagination au-dessus des grands, et de se bâtir[4] ainsi une grandeur imaginaire par le rabaissement de ceux qui sont l'objet de l'admiration du commun des hommes.

NICOLE.

De l'orgueil.

C'est une maxime certaine : l'orgueil est toujours dans la même proportion que la misère, et rien ne marque[1] plus une extrême faiblesse qu'une grande présomption.

Il y a bien de la différence entre l'orgueil tel qu'il est, quand il se produit au dehors[2] par des paroles, et le même orgueil caché dans le fond du cœur.

Il se cache ordinairement en paraissant au dehors,

---

1. Désirer : begehren. — 2. Privation de : ber Mangel an. — 3. Faire semblant de : sich stellen wie wenn. — 4. Se bâtir : sich aufbauen.

1. Marquer : beurfunben. — 2. Se produire au dehors : sich hervor-thun.

de peur de choquer le monde ; mais ces déguisements n'ont point lieu dans le cœur, où les mouvements sont purs et sans mélange et où ils ne sont pas revêtus de ces voiles qu'ils empruntent lorsqu'ils deviennent extérieurs.

NICOLE.

L'homme oublieux de l'éternité.

Rien n'est si important à l'homme que son état ; rien ne lui est si redoutable que l'éternité. Et ainsi qu'il se trouve des hommes[1] indifférents à la perte de leur être et au péril d'une éternité de misère, cela n'est point naturel. Ils sont tout autres à l'égard des autres choses ; ils craignent jusqu'aux[2] plus petites ; ils les prévoient, ils les sentent ; et ce même homme qui passe[3] les jours et les nuits dans la rage et dans le désespoir pour[4] la perte d'une charge, ou pour quelque offense imaginaire à son honneur, est celui-là même qui sait qu'il va tout perdre par la mort, et qui demeure néanmoins sans inquiétude, sans trouble et sans émotion. Cette étrange insensibilité pour[5] les choses les plus terribles, dans un cœur si sensible aux plus légères, est une chose monstrueuse ; c'est un enchantement incompréhensible et un assoupissement surnaturel.

PASCAL.

---

1. Et ainsi qu'il se trouve des hommes : daß sich also Menschen vorfinden. — 2. Jusqu'au : bis auf die. — 3. Passer : zubringen. — 4. Pour : wegen, génit. — 5. Pour : gegen, acc.

Vanité des richesses.

Un homme fut jeté par la tempête dans une île inconnue, dont les habitants étaient en peine de[1] trouver leur roi, qui s'était perdu ; et comme il avait par hasard beaucoup de ressemblance de corps et de visage avec ce roi, il fut pris[2] pour lui et reconnu[3] en cette qualité par tout ce peuple. D'abord il ne savait quel parti prendre[4] ; mais il se résolut enfin de se prêter à[5] sa bonne fortune. Il reçut donc tous les respects qu'on voulut lui rendre[6], et il se laissa traiter de roi.

Mais comme il ne pouvait oublier sa condition naturelle, il pensait, en même temps qu'il recevait ces respects, qu'il n'était pas le roi que ce peuple cherchait, et que ce royaume ne lui appartenait pas. Ainsi il avait une double pensée : l'une par laquelle il agissait en roi, l'autre par laquelle il reconnaissait son état véritable, et que ce n'était que le hasard qui l'avait mis en la place où il était.

Il cachait[1] cette dernière pensée et il découvrait l'autre. C'était par la première qu'il traitait avec soi-même.

Ne vous imaginez pas que ce soit par un moindre hasard que vous possédez les richesses dont[2] vous vous trouvez maître, que celui par lequel cet homme se trouvait roi. Vous n'y[3] avez aucun droit de vous-

1. Être en peine : bemüht seyn. — 2. Prendre : halten. — 3. Reconnaître : anerkennen. — 4. Prendre un parti : einen Entschluß faßen. — 5. Se prêter à : sich ergeben in, accus. — 6. Rendre : erzeigen.

1. Cacher : verhehlen. — 2. Dont : über welche... Herr. — 3. Y : barauf.

même et par votre nature non plus que lui : et non-
seulement vous ne vous trouvez fils d'un duc, mais
vous ne vous trouvez au monde que par une infinité
de causes accidentelles.

Vous tenez, dites-vous, vos richesses de vos ancêtres ; mais n'est-ce pas par mille hasards que vos ancêtres les ont acquises, et qu'ils vous les ont conser-
vées ? Mille autres, aussi habiles qu'eux, ou n'ont pu
en acquérir, ou les ont perdues après les avoir acquises. Vous imaginez-vous aussi que ce soit par
quelque voie naturelle que ces biens ont passé[1] de
vos ancêtres à vous ? Cela n'est pas véritable. Cet
ordre n'est fondé que sur la seule volonté des légis-
lateurs, qui ont pu avoir de bonnes raisons[2] pour
l'établir, mais dont aucune certainement n'est prise[3]
d'un droit naturel que vous ayez[4] sur ces choses. S'il
leur avait plu d'ordonner[5] que ces biens, après avoir
été possédés par les pères durant leur vie, retourne-
raient à la république après leur mort, vous n'auriez
aucun sujet de vous[6] en plaindre.   PASCAL.

Du luxe.

En considérant le luxe de divers peuples les uns à
l'égard des autres, il est dans chaque état en raison

1. Passer à : übergeßen zu ; dat. insépar. — 2. Raison : ber Grund. —
3. Prendre : herfciten. — 4. Trad. par l'indicatif combiné avec l'adverbe
etwa. — 5. Ordonner : verordnen. — 6. En : barüber.

composée[1] de l'inégalité des fortunes qui est entre les citoyens et de l'inégalité des richesses de divers États. En Pologne, par exemple, les fortunes sont d'une inégalité extrême, mais la pauvreté du total[2] empêche qu'il y ait autant de luxe que dans un État plus riche.

Le luxe est encore en proportion avec la grandeur des villes, et surtout de la capitale; en sorte qu'il est en raison composée de la richesse des États, de l'inégalité des fortunes des particuliers et du nombre d'hommes qu'on assemble dans[3] de certains lieux. Plus il y a d'hommes ensemble, plus ils sont vains et sentent naître en eux l'envie de se signaler par de petites choses.

S'ils sont en plus grand nombre, que la plupart soient inconnus les uns aux autres, l'envie de se distinguer redouble, parce qu'il y a plus d'espérance de réussir. Le luxe donne cette espérance; chacun prend les marques de la condition qui précède la sienne. Mais à force de[1] vouloir se distinguer, tout devient égal, et on ne se distingue plus; comme tout le monde veut se faire regarder[2], on ne remarque personne.

Il résulte de tout cela une incommodité[3] générale. Ceux qui exercent une profession[4] mettent à leur art le prix qu'ils veulent; les plus petits talents suivent

---

1. En raison composée : in jufammengefeßtem Berhältniß. — 2. Total : bie Gefammtheit. — 3. A: an; bativ.

1. A force de : fo fehr (tant), tournez : « veut-on mais soi tant. » — 2. Se faire regarder : fich anfchaulich machen. — 3. Incommodité : bas Unbehagen. — 4. Exercer une profession : ein Gewerbe treiben.

cet exemple; il n'y a plus d'harmonie entre les besoins et les moyens.

Montesquieu.

De la gloire.

Quand je vous ai dit que la grandeur et la gloire
n'étaient parmi nous que des noms pompeux, vides
de[1] sens et de choses, je regardais[2] le mauvais
usage que nous faisons de ces termes. Mais, pour
dire la vérité dans toute son étendue, ce n'est ni
l'erreur ni la vanité qui ont inventé ces noms magnifiques; au contraire, nous ne les aurions jamais
trouvés, si nous n'en avions porté le fonds en nous-
mêmes : car où prendre ces nobles idées dans le
néant? La faute que nous faisons[3] n'est donc pas de
nous être servis de ces noms, c'est de les avoir appli-
qués à des objets trop indignes. Saint Chrysostome
a bien compris cette vérité, quand il a dit : « Gloire,
« richesse, noblesse, puissance, pour les hommes du
« monde ne sont que des noms; pour nous, si nous
« servons Dieu, ce seront des choses. Au contraire,
« la pauvreté, la honte, la mort, sont des choses trop
« effectives et trop réelles pour eux : pour nous ce
« sont seulement des noms; » parce que celui qui
s'attache à Dieu ne perd[4] ni ses biens, ni son honneur, ni sa vie.

Bossuet.

1. Vide de : leer an. — 2. Regarder : sehen auf; acc. — 3. Commettre une faute : einen Fehler begehen. — 4. Perdre : verlustig werden.

L'égalité devant la mort.

« Nous mourons tous, disait cette femme dont l'é-
« criture a loué la prudence au second livre des Rois,
« et nous allons sans cesse au tombeau[1], ainsi que
« des eaux qui se perdent sans retour. » En effet,
nous ressemblons tous à des eaux courante. De quelque superbe distinction que se flattent les hommes,
ils ont tous une même origine, et cette origine est
petite[2]. Leurs années se poussent[3] successivement
comme des flots : ils ne cessent de s'écouler; tant
qu'enfin, après avoir fait un peu plus de bruit et tra-
versé un peu plus de pays les uns que les autres, ils
vont tous ensemble se confondre dans un abîme, où
l'on ne reconnaît plus ni princes, ni rois, ni toutes
ces autres qualités superbes[4] qui distinguent les hommes; de même que ces fleuves tant vantés demeurent sans nom et sans gloire, mêlés dans l'océan avec
les rivières les plus inconnues.

BOSSUET.

Le vrai Dieu inconnu des anciens.

Dans quel abîme était le genre humain, qui ne
pouvait supporter la moindre idée du vrai Dieu?
Athènes, la plus polie[1] et la plus savante de toutes

---

1. Aller au tombeau : bem Grabe näher rücken. — 2. Petit : winzig,
gering. — 3. Se pousser : sich forttreiben. — 4. Superbe : prunkvoll.

1. Poli : gesittet; savant : gebildet.

les villes grecques, prenait pour[2] athées ceux qui parlaient des choses intellectuelles, et c'est une des raisons qui avaient fait condamner Socrate. Si quelques philosophes osaient enseigner que les statues n'étaient pas des dieux comme l'entendait le vulgaire, ils se voyaient contraints de s'en dédire ; encore après cela étaient-ils bannis comme des impies par sentence de l'aréopage. Toute la terre était possédée[3] de la même erreur : la vérité n'y osait paraître. Le Dieu créateur du monde n'avait de temple ni de culte qu'en Jérusalem. Quand les gentils y envoyaient leurs offrandes, ils ne faisaient autre honneur[4] au Dieu d'Israël que de le joindre aux autres dieux. La seule Judée connaissait sa sainte et sévère jalousie, et savait que partager la religion entre lui et les autres dieux était[5] la détruire.

BOSSUET.

Idées des anciens sur l'âme.

Durant les temps d'ignorance, c'est-à-dire durant les temps qui ont précédé[1] Jésus-Christ, ce que l'âme connaissait de sa dignité et de son immortalité l'induisait le plus souvent à erreur. Le culte des hommes morts faisait[2] presque tout le fonds de l'idolâtrie : presque tous les hommes sacrifiaient aux mânes, c'est-à-dire aux âmes des morts. De si anciennes erreurs nous font voir à la vérité combien était ancienne

2. Prendre pour : halten für, acc. — 3. Être possédé : fröhnen. — 4. Faire un honneur : eine Ehre erweisen. — 5. Était : hieß.

1. Précéder : vorangehen; ou bien avant J.-C. — 2. Faire : ausmachen.

la croyance de [3] l'immortalité de l'âme, et nous montrent qu'elle doit être rangée parmi [4] les premières traditions du genre humain. Mais l'homme qui gâtait tout, en avait étrangement abusé, puisqu'elle le portait [5] à sacrifier aux morts.

On allait même jusqu'à cet excès [1] de leur sacrifier des hommes vivants; on tuait leurs esclaves, et même leurs femmes, pour les aller servir [2] dans l'autre monde. Les Gaulois le pratiquaient [3] avec beaucoup d'autres peuples, et les Indiens, marqués [4] par les auteurs païens parmi les premiers défenseurs de l'immortalité de l'âme, ont aussi été les premiers à introduire sur la terre, sous prétexte de religion, ces meurtres abominables. Les mêmes Indiens se tuaient [5] eux-mêmes pour avancer la félicité de la vie future, et ce déplorable aveuglement dure encore aujourd'hui parmi ces peuples; tant il est dangereux d'enseigner la vérité dans un autre ordre que celui que Dieu a suivi [6], et d'expliquer clairement à l'homme tout ce qu'il est, avant qu'il ait connu Dieu parfaitement.

C'était faute de connaître [1] Dieu que la plupart des philosophes n'ont pu croire l'âme immortelle sans la croire une portion de la divinité, une divinité elle-même, un être éternel, incréé [2] aussi bien qu'incor-

— 3. De : an, acc. — 4. Ranger parmi : stellen unter; acc. — 5. Porter : bewegen; suppléez dazu.

1. Man treibt es so weit, daß man.... — 2. Servir : aufwarten. — 3. Le pratiquaient : solches thaten (commencez par ces deux mots). — 4. Marqués : bezeichnet. — 5. Se tuer : sich entleiben. — 6. Suivre : befolgen.

1. Commencez : Eben weil sie Gott nicht kannten. — 2. Incréé : uner-

ruptible, et qui n'avait non plus de commencement que de fin. Que dirai-je de ceux qui croyaient[3] à la transmigration des âmes; qui les faisaient rouler des cieux à la terre, et puis de la terre aux cieux; des animaux dans les hommes et des hommes dans les animaux; de la félicité à la misère et de la misère à la félicité, sans que ces révolutions eussent jamais ni de terme ni d'ordre certain? Combien était obscurcie la justice, la providence, la bonté divine parmi tant d'erreurs! Et qu'il était nécessaire de connaître Dieu et les règles de sa sagesse avant de connaître l'âme et sa nature immortelle.

BOSSUET.

ſchaffen. — 3. Croire à la transmigration des âmes : an die Seelenwanderung glauben.

IV

LETTRES ET DIALOGUES.

Descartes sur lui-même.

Sitôt que l'âge me permit de sortir de la sujétion de[1] mes précepteurs, je quittai entièrement l'étude des lettres; et, me résolvant de ne rechercher plus d'autre science que celle qui se pourrait trouver en moi-même ou bien dans le grand livre du monde, j'employai le reste de ma jeunesse[2] à voyager, à voir des cours et des armées, à fréquenter[3] des gens de diverses humeur et conditions, à recueillir diverses expériences, à m'éprouver moi-même dans les rencontres que la fortune me proposait, et partout à faire telle réflexion[4] sur les choses qui se présentaient que j'en pusse tirer quelque profit. Car il me semblait que je pourrais rencontrer beaucoup plus de vérité dans les raisonnements que chacun fait touchant les affaires qui lui importent, et dont l'événement[5] le

1. Sortir de la sujétion de : Einem aus der Schule laufen. — 2. Jeunesse : die Jugendzeit. — 3. Fréquenter : verkehren mit... — 4. Faire des réflexions : Betrachtungen anstellen. — 5. Événement : der Ausgang.

doit punir bientôt après s'il a mal jugé, que dans
ceux que fait un homme de lettres dans son cabinet.

Descartes (Discours).

Pascal à Christine de Suède.

Je sais que Votre Majesté est aussi éclairée et savante que puissante et magnanime. Voilà la raison qui m'a déterminé à m'adresser plutôt à Votre Majesté qu'à tout autre prince. J'ai une vénération bien plus grande pour les personnes d'un mérite sublime[1] que pour celles qui n'ont que des titres pompeux[2], un nom célèbre, des aïeux illustres et une fortune brillante. Les premiers sont les vrais souverains de la terre. Il me semble que le pouvoir des rois sur leurs sujets n'est qu'une image imparfaite et grossière du pouvoir de l'esprit fort sur les esprits faibles. Le droit de persuader et d'instruire est, parmi les philosophes, ce que le droit de commander est dans le gouvernement politique. Quelque puissant, quelque redoutable que[3] soit un monarque, tout manque à sa gloire, s'il n'a point l'esprit éminent. Un citoyen obscur, sans biens, qui fait de sa vertu tout son appui[4], est au-dessus du conquérant du monde....

---

1. Sublime, supérieur : erhaben. — 2. Pompeux : prunkend. —
3. Quelque... que : so ... auch. — 4. Tout son appui, tournez : qui
s'appuie seulement sur.

Le duc de Montausier au Dauphin.

Paris, 1688.

Monseigneur,

Je ne vous fais pas de [1] compliment sur la prise de Philipsbourg; vous aviez une bonne armée, une [2] excellente artillerie et Vauban. Je ne vous en [3] fais pas non plus sur les preuves que vous avez données de bravoure et d'intrépidité; ce sont des vertus héréditaires dans votre maison. Mais je me réjouis avec vous de ce que vous êtes libéral, généreux, humain, faisant valoir [4] les services d'autrui et oubliant les vôtres; c'est sur quoi [5] je vous fais mon compliment.

Mme de Sévigné à Ménage.

23 juin 1668.

Votre souvenir m'a donné [1] une joie sensible, et m'a réveillé tout l'agrément [2] de notre ancienne amitié. Vos vers m'ont fait souvenir de ma jeunesse, et je voudrais bien savoir pourquoi le souvenir de la perte d'un bien aussi irréparable ne donne point de tristesse. Au lieu du plaisir que j'ai senti, il me semble qu'on devrait pleurer; mais, sans examiner d'où peut

1. Pas de : kein. — 2. Suppr. une. — 3. En : keins. — 4. Faire valoir : gelten machen ; mode pers. — 5. C'est sur quoi : darüber.

1. Donner : verschaffen. — 2. Réveiller l'agrément : ben Reiz hervor-

venir ce sentiment, je veux m'attacher à celui[3] que me donne la reconnaissance que j'ai de votre présent. Vous ne pouvez douter qu'il ne me soit agréable, puisque mon amour-propre y trouve si bien son compte, et que j'y suis célébrée par le plus bel esprit de mon temps. Il faudrait, pour l'honneur de vos vers, que j'eusse mieux mérité tout celui que vous me faites. Telle[4] que j'ai été, et telle que je suis, je n'oublierai jamais votre véritable et solide amitié, et je serai toute ma vie la plus reconnaissante, comme la plus ancienne de vos très-humbles servantes.

❈

Mme de Sévigné à Mme de Grignan.

Bourbilly, lundi 16 octobre 1673.

Enfin, ma chère fille, j'arrive présentement dans le vieux château de mes pères. Voici où ils ont triomphé suivant la mode de ce temps là. Je trouve mes belles prairies, ma petite rivière, mes magnifiques bois et mon beau moulin à la même place où je les avais laissés. Il y a eu ici de plus honnêtes gens que moi; et cependant, au sortir de Grignan, après vous avoir quittée, je m'y meurs de tristesse. Je pleurerais présentement de tout mon cœur[1], si je m'en voulais croire, mais je m'en détourne[2], suivant vos conseils. Je vous ai vue ici. Bussy y était, qui nous empêchait

---

zaubern. — 3. Je veux m'attacher à celui : will ich bei demjenigen bleiben. — 4. Telle : ſo.

1. Pleurer de tout son cœur : ſich herzlich ausweinen. — 2. S'en dé-

fort de nous y ennuyer. Voilà où vous m'appelâtes *marâtre* d'un si bon ton. On a élagué des arbres devant cette porte, ce qui fait une allée fort agréable. Tout crève ici de [3] blé, et de *Caron* [4] pas un mot, c'est-à-dire pas un sou [5]. Il pleut à verse [6] : je suis désaccoutumée de ces continuels orages, j'en suis en colère. M. de Guitaut est à Epoisrai : il envoie tous les jours ici pour savoir quand j'arriverai et pour m'emmener chez lui; mais ce n'est pas ainsi qu'on fait ses affaires. J'irai pourtant le voir, et vous prévoyez bien que nous parlerons de vous : je vous prie d'avoir l'esprit en repos sur tout ce que je dirai; je ne suis pas assurément fort imprudente. Nous vous écrirons, Guitaut et moi. Je ne puis m'accoutumer à ne vous plus voir; et si vous m'aimez vous m'en donnerez une marque certaine cette année. Adieu, mon enfant, j'arrive, je suis un peu fatiguée; quand j'aurai les pieds chauds, je vous en dirai davantage.

Mme de Sévigné à Mme de Grignan.

Paris, dimanche au soir 13 décembre 1676.

Que ne vous dois-je point, ma chère enfant, pour tant de peines, de fatigues, d'ennuis, de froid, de gelée, de frimas, de veilles? Je crois avoir souffert toutes ces incommodités avec vous; ma pensée n'a pas été un moment séparée de vous; je vous ai suivie par-

tourner : e8 ablaffen. — 3. Crever de : ſtroßen vor; dat. — 4. Allusion au dialogue de Lucien, intitulé : *Caron ou les contemplateurs.* — 5. Keinen Heller. — 6. Il pleut à verse : e8 regnet in Güſſen.

tout, et j'ai trouvé mille fois que je ne valais[1] pas
l'extrême peine que vous preniez pour moi, c'est-à-
dire, par un certain côté; car celui de la tendresse et
de l'amitié relève[2] bien mon mérite à votre égard
Quel voyage, bon Dieu! et quelle saison! vous arrive-
rez précisément le plus court jour de l'année, et par
conséquent vous nous ramènerez le soleil. J'ai vu une
devise qui me conviendrait assez; c'est un arbre sec,
et comme mort, et autour ces paroles : *Fin che sol ri-
torni*[3]. Qu'en dites-vous, ma fille? Je ne vous parlerai
donc point de votre voyage, nulle question là-dessus;
nous tirerons le rideau sur vingt jours d'extrêmes fatigues, et nous tâcherons de donner un autre cours
aux petits esprits, et d'autres idées à votre imagination. Je n'irai point à Melun; je craindrais de vous
donner une mauvaise nuit par une dissipation peu
convenable au repos : mais je vous attendrai à dîner
à Villeneuve-Saint-Georges; vous y trouverez votre
potage tout chaud; et sans faire tort à qui que ce puisse
être, vous y trouverez la personne du monde qui vous
aime le plus parfaitement. Ma chère enfant, quelle
joie! puis-je en avoir jamais une plus sensible?

M. de Grignan à M. de Coulanges.

Grignan, le 23 mai 1696.

Vous comprenez mieux que personne, Monsieur, la
grandeur de la perte que nous venons de faire, et ma

1. Valoir : werth seyn. — 2. Relever : erhöhen. — 3. Devise italienne :
dùm sol redeat.

juste douleur. Le mérite distingué de madame de Sévigné vous était parfaitement connu. Ce n'est pas seulement une belle-mère que je regrette; ce nom n'a pas accoutumé d'imposer toujours; c'est une amie aimable et solide[1], une société délicieuse. Mais ce qui est encore bien plus digne de notre admiration que de nos regrets, c'est une femme forte dont il est question, qui a envisagé la mort[2], dont elle n'a point douté dès les premiers jours de sa maladie, avec une fermeté et une soumission étonnante. Cette personne si tendre et si faible pour tout ce qu'elle aimait, n'a trouvé que du courage et de la religion, quand elle a cru ne devoir songer qu'à elle; et nous avons dû remarquer de quelle utilité et de quelle importance il est de se remplir[3] l'esprit de bonnes choses et de saintes lectures, pour lesquelles Mme de Sévigné avait un goût, pour ne pas dire une avidité surprenante, par l'usage qu'elle a su faire de ces bonnes provisions dans les derniers moments de sa vie. Je vous conte tous ces détails, monsieur, parce qu'ils conviennent[4] à vos sentiments et à l'amitié que vous aviez pour celle que nous pleurons : et je vous avoue que j'en ai l'esprit si rempli, que ce m'est un soulagement de trouver un homme aussi propre que vous à les écouter, et à les aimer. J'espère, monsieur, que le souvenir d'une amie qui vous estimait infiniment, contribuera à me conserver dans l'amitié dont vous m'honorez depuis longtemps; je l'estime et la souhaite trop, pour ne pas la mériter un peu. J'ai l'honneur, etc. etc.

---

1. Solide : treu. — 2. Envisager : entgegensehen. — 3. Remplir : nähren. — 4. Convenir à : übereinstimmen mit.

Racine à Boileau.

Paris, lundi 20 janvier 1693.

J'ai reçu une lettre de la mère-abbesse de Port-Royal, qui me charge de vous faire mille remercîments[1] de vos épîtres que je lui ai envoyées de votre part. On y est charmé et de l'épître *de l'Amour de Dieu*, et de la manière dont vous parlez de M. Arnauld. On voudrait même que ces épîtres fussent imprimées en plus petit volume. Ma fille aînée, à qui je les ai aussi envoyées, a été transportée de joie[2] de ce que vous vous souvenez encore d'elle. Je pars dans ce moment pour Versailles, d'où je ne reviendrai que samedi. Je laisse à ma femme ma quittance pour recevoir ma pension d'homme de lettres. Je vous prie de l'avertir du jour que vous irez chez M. Gruyn. Elle vous ira prendre et vous mènera[3] dans son carrosse. J'ai eu des nouvelles de mon fils par M. l'archevêque de Cambrai, qui me mande qu'il l'a vu à Cambrai jeudi dernier, et qu'il a été fort content de l'entretien qu'il a eu avec lui. Je suis à vous de tout mon cœur.

---

1. Charger de faire des remercîments à : mit Dankſagungen an (accus.) beauftragen. — 2. Transporté de joie : vor Freude entzückt. — 3. Amener : mitnehmen.

Racine à son fils.

Au camp devant Namur, le 31 mai 1692.

Vous[1] aurez pu voir, mon cher enfant, par les lettres que j'écris à votre mère combien je suis touché de votre maladie, et la peine extrême que je ressens de n'être pas auprès de vous pour vous consoler. Je vois que vous prenez[2] avec beaucoup de patience le mal que Dieu vous envoie et que vous êtes fort exact à faire tout[3] ce qu'on vous dit : il est extrêmement important pour vous de ne vous point impatienter.

J'espère qu'avec la grâce de Dieu il ne vous en arrivera aucun accident[4]. C'est une maladie dont peu de personnes sont exemptes, et il vaut mieux en être attaqué à votre âge qu'à un âge plus avancé. J'aurai une sensible joie de recevoir de vos lettres ; mais ne m'écrivez que[5] quand vous serez entièrement hors de danger, parce que vous ne pourriez écrire sans mettre vos bras à l'air et vous refroidir. Quand je ne serai plus en inquiétude de votre mal, je vous écrirai des nouvelles du siége de Namur. Il y a lieu d'espérer que la place se rendra bientôt ; et je m'en réjouis d'autant plus que cela pourra me mettre en état de vous revoir bientôt après. Monsieur de Cavoie prend grand intérêt[6] à votre mal, et voudrait bien vous soulager. Je suis fort obligé à monsieur Chapelier de tout le soin qu'il prend de vous. Adieu, mon cher fils,

1. Employez la forme *tu*. — 2. Prendre : aufnehmen. — 3. Faire tout : allem nachkommen. — 4. Qu'il ne vous en arrivera aucun accident : baß bir nichts Böses baraus erwachsen wirb. — 5. Ne que : erst. — 6. Prendre intérêt : sich annehmen ; gén.

offrez bien au bon Dieu tout le mal que vous souffrez, et remettez-vous entièrement à sa sainte volonté. Assurez-vous qu'on ne peut vous aimer plus que je ne vous aime, et que j'ai une fort grande impatience de vous embrasser.

Suscription [7] :

Pour mon cher fils.

❈

Racine à son fils.

Versailles, samedi après-midi (1696).

J'avais passé exprès par [1] Versailles pour vous voir, et pour savoir de vous si vous n'aviez besoin de rien. Je suis fâché [2] de ne vous avoir pas trouvé, et plus fâché encore d'apprendre que vous avez eu la fièvre. Du reste, je suis bien aise que vous ayez été voir M. Despréaux et votre mère, qui aura eu, je m'imagine, bien de la joie. Je ferai, si je puis, quelque partie par Mulineau, et je vous en ferai avertir [3], mais comme il faut tout prévoir, je suis bien aise [4] de vous dire, au cas que je ne vous voie [5] point cette semaine, que vous êtes le maître d'aller passer deux ou trois jours à Paris quand vous voudrez. Vous n'aurez qu'à m'écrire à Marly ce que vous souhaitez, et ma femme ou moi nous vous enverrons le petit carrosse. Mandez-moi de vos nouvelles à [6] Marly, et si

7. Suscription : bie Auffdrift.

1. Passer par : reifen (fehn) über; acc. — 2. Je suis fâché : es thut mir Leib. — 3. Avertir : benachrichtigen. — 4. Je suis bien aise : es ist mir lieb. — 5. Combinez avec follen. — 6. A : nach.

vous recevez quelques lettres pour moi, envoyez-les moi en même temps. Vous me ferez plaisir d'être chez M. de Torcy toujours aussi assidu que votre santé vous le permettra. Ne vous laissez point manquer d'argent, et mandez-moi franchement si vous en avez besoin. Adieu, mon cher fils. Je vous embrasse de tout mon cœur.

⌖

Racine à son fils.

Paris, mercredi 9 juillet 1697.

Votre cousin qui va[1] partir tout à l'heure vous rendra cette lettre que j'écris à M. Bontemps, pour le prier de demander pour moi d'aller à Marly. Rendez-la lui le plus tôt que vous pourrez; car il n'y a pas de[2] temps à perdre. Je n'étais pas trop assuré que le roi allât à Marly cette semaine; M. de Cavoie, que je croyais bien informé, m'ayant dit[3] qu'on n'y allait que la semaine qui vient[4]. Au cas qu[5]'on n'y aille point en effet cette semaine, vous n'avez que faire[6] de rendre[7] ma lettre. Je n'en serai pas moins demain à neuf heures et demie à Versailles, pour aller présenter votre cousin à M. Dufresnoy. Montrez-lui, s'il vous plaît, la chambre et la pension que vous lui avez trouvée, et faites-lui bien des amitiés[8]. Je vous donne le bonsoir.

1. Va : will. — 2. Il n'y a pas de : es ist keine. — 3. Mode personnel avec ba. — 4. Qui vient, prochaine : nächste Woche. — 5. Suppr. que. — 6. N'avoir que faire : nicht brauchen. — 7. Rendre : abgeben. — 8. Faire des amitiés : viel Schönes sagen.

Lettre de Mme Racine.

Paris, 24 mars 1698.

Vous me demandez[1] de prier Dieu pour vous. Vous pouvez être persuadé que si mes prières étaient bonnes à quelque chose, vous seriez bientôt un parfait chrétien, ne souhaitant rien avec plus d'ardeur que votre salut. Mais, mon fils, songez, dans ce saint temps (le carême), que les pères et mères ont beau[2] prier le Seigneur pour leurs enfants; qu'il faut que les enfants n'oublient pas l'éducation qu'on a tâché de leur donner. Songez, mon fils, que vous êtes chrétien, et à quoi vous oblige cette qualité. Ce sera le comble de ma joie[3] de vous voir dans cette disposition, et je l'espère de la grâce du Seigneur.

Quand il viendra quelque courrier, mandez-moi un peu de petits détails de vos passe-temps et des nouvelles de Henri; s'il est bien content et s'il fait bien son devoir. Adieu, mon fils. Je vous embrasse. Soyez persuadé que je suis toute à vous.

Même lettre continuée par Racine.

Je n'ajoute qu'un mot à la lettre de votre mère, pour vous dire que j'approuve[1] au dernier point le conseil qu'on vous a donné d'apprendre l'allemand, et les raisons solides[2] dont M. l'ambassadeur s'est

---

1. Demander : erſuchen. — 2. Avoir beau : umſonſt. — 3. Ce sera le comble da ma joie : ich werde eine übermäßige Freude empfinden.

1. Approuver : beiſtimmen, avec le datif. — 2. Solide : wichtig. —

servi pour vous le persuader. J'en ai dit un mot à M. de Torcy, qui vous y exhorte[3] de son côté, et qui croit que cela vous sera extrêmement utile. Je vous écrirai plus au long au premier jour[4]. Le valet de chambre m'a prié instamment d'envoyer mon paquet, le plus tôt que je pourrai, chez M. Pierret. Continuez à vous occuper, et songez que tout ce que j'apprends de vous fait la plus grande consolation que je puisse avoir. Il ne tient pas à M. de Bonac que vous ne passiez pour un fort habile homme, et vous lui avez des obligations infinies. Assurez-le de ma reconnaissance, et de l'extrême envie[5] que j'ai de me trouver entre lui et vous avec M. l'ambassadeur. Je crois que je profiterais[6] moi-même beaucoup en si bonne compagnie. Tous vos amis de la cour me demandent toujours de vos nouvelles.

Voltaire à M. d'Argental.

Aux Délices, 19 Auguste 1757.

Je vous avoue que je ne suis guère en train à présent de rapetasser[1] une tragédie amoureuse[2], et que le czar Pierre a un peu la préférence. Comment voulez-vous que je résiste à sa fille? Il ne s'agit pas ici de redire[3] ce qui s'est passé[4] aux batailles de[5] Narva et

3. Exhorter : ermuntern. — 4. Au premier jour : mit nächstem. — 5. Extrême envie : heißer Wunsch. — 6. Profiter beaucoup : viel Gewinn haben.

1. Rapetasser : zusammenflicken. — 2. Tragédie amoureuse : Liebestragödie. — 3. Redire : wieder berichten. — 4. Se passer : vorgehen. — 5. De : bei.

de Pultava; il s'agit de faire connaître un empire de deux mille lieues d'étendue, dont à peine on avait entendu parler il y a cinquante ans. Il me semble que ce n'est pas une entreprise désagréable de crayonner [6] cette création nouvelle; c'est un beau spectacle de voir Pétersbourg naître au milieu d'une guerre ruineuse et devenir une des plus belles et des plus grandes villes du monde; de voir des flottes, où il n'y avait pas une barque de pêcheur, des mers se joindre, des manufactures se former, les mœurs se polir et l'esprit humain s'étendre [7].

Voltaire au roi de Prusse [1].

Octobre 1757.

Celui que j'ai appelé le Salomon du Nord sent qu'en effet, s'il prend ce funeste parti [2], il y cherche un honneur dont pourtant il ne jouira pas. Il sent qu'il ne veut pas être humilié par des ennemis personnels; il entre dans ce triste parti [8] de l'amour-propre du désespoir. Écoutez contre ces sentiments votre raison supérieure; elle vous dit que vous n'êtes point humilié et que vous ne pouvez l'être; elle vous dit qu'étant homme comme un autre, il vous restera (quelque chose qui arrive) tout ce qui peut rendre les autres hommes heureux : biens, dignités, amis. Un-

— 6. Crayonner : ben Umriß machen. — 7. S'étendre : sich erweitern.

1. Frédéric II, découragé par ses défaites, voulait se tuer. — 2. Prendre un parti : einen Entschluß fassen. — 3. Entrer dans le parti : sich zu der Partei schlagen.

homme qui n'est que roi peut se croire très-infortuné quand il perd des États; mais un philosophe peut se passer d'États [4]. Encore, sans que je me mêle en aucune façon de politique, je ne peux croire qu'il ne vous en restera pas assez pour être toujours un souverain considérable.

✠

Voltaire à M. d'Alembert.

Décembre 1757.

Le roi de Prusse m'écrit toujours des vers, tantôt en désespéré, tantôt en héros, et moi je tâche [1] d'être philosophe dans mon ermitage. Il a obtenu ce qu'il a toujours désiré, de battre les Français, de leur plaire et de se moquer [2] d'eux; mais les Autrichiens se moquent sérieusement de lui. Notre honte du 5 lui a donné de la gloire, mais il faudra qu'il se contente de cette gloire passagère trop aisément achetée. Il perdra ses États avec ceux qu'il a pris [3], à moins que [4] les Français ne trouvent encore le secret de perdre toutes leurs armées, comme ils firent dans la guerre de 1741. Vous me parlez [5] d'écrire son histoire; c'est un soin dont il ne chargera personne; il prend ce soin [6] lui-même. Oui, vous avez raison, c'est un homme rare.

4. Se passer de : entbehren; acc.

1. Tâcher : sich bestreben. — 2. Se moquer de quelqu'un : Einen zum Besten haben. — 3. Prendre : erobern. — 4. A moins que : wenn anders. — 5. Parler à quelqu'un de : Einem zumuthen. — 6. Il prend ce soin : er dafür sorgt er.

Voltaire à M. de Cideville.

Lausanne, 3 mars 1758.

Je cours du théâtre à mes plants, à mes vignes, à
mes tulipes, et de là je reviens au théâtre, du théâtre
à l'histoire, et de tout cela à votre amitié, qui est la
première de mes consolations.

Les vers du roi de Prusse, dont vous me parlez,
étaient fourrés[1] dans une lettre qu'il m'écrivit trois
jours avant la journée de Rosbach. La date rend les
vers très-beaux. Je lui avais gardé le secret[2]; mais il
en a lui-même donné des copies, et vous savez que
les rois, qui sont les maîtres du[3] bien d'autrui, sont
aussi les maîtres du leur. Ce diable[4] d'homme est,
sans contredit, celui de tous les rois qui fait le plus
de vers et qui donne[5] le plus de batailles; nous ver-
rons comment le tout finira.

Voltaire à M. d'Argental.

Aux Délices, 17 mai 1758.

Le roi de Prusse, qui a un petit grain dans la tête[1],
a fait[2] un opéra en vers français de ma tragédie de

---

1. Être fourré : fteđen. — 2. Tenir le secret : eine Sache geheim halten.
— 3. De : über; acc. — 4. Diable de, endiablé : verteufelt. — 5. Donner :
liefern.

1. Avoir un petit grain : etwas verrüđt ſeyn. Autre locution : es ha-
fidh ihm etwas im Kopf verfdhoben. — 2. Faire : dichten.

Mérope, en faisant son traité[3] avec l'Angleterre, et m'envoie ce beau chef-d'œuvre. Ensuite, quand il est battu, et que les Hanovriens sont chassés d'Hanovre, il veut se tuer ; il fait son paquet, il prend congé en vers et en prose ; moi, qui suis bon dans le fond, je lui mande qu'il faut vivre. Je le conseille comme Cinéas conseillait Pyrrhus. J'aurais voulu même qu'il se fût adressé à M. le maréchal de Richelieu, pour finir tout[4] en cédant quelque chose. Arrive alors l'inconcevable affaire de Rosbach ; et voilà que mon homme, qui voulait se tuer[5], tue en un mois Français, Autrichiens, et est le maître des affaires. Cette situation peut changer demain, mais elle est très-affermie aujourd'hui.

❈

J. J. Rousseau à M. Clairaut.

Motiers-Travers, le 3 mars 1765.

Le souvenir, Monsieur, de[1] vos anciennes bontés pour moi vous cause une nouvelle importunité de ma part. Il s'agirait de vouloir bien[2] être, pour la seconde fois, censeur d'un de mes ouvrages. C'est une très-mauvaise rapsodie que j'ai compilée il y a plusieurs années, sous le nom de *Dictionnaire de Musique* et que je suis forcé de donner aujourd'hui pour avoir du pain. Dans le torrent des malheurs qui m'entraîne, je

---

3. Traité : ber Vertrag. — 4. Finir tout : bie Sache ausgleichen. — 5. Se tuer : sich entleiben.

1. Le souvenir de : bie Erinnerung an ; acc. — 2. Il s'agirait de vouloir bien être... Es handelt sich nämlich barum, Sie möchten wohl. —

suis hors d'état de revoir[3] ce recueil. Je sais qu'il est plein d'erreurs et de bévues. Si quelqu'intérêt pour le sort du plus malheureux des hommes vous portait à voir son ouvrage avec un peu plus d'attention que celui d'un autre, je vous serais sensiblement obligé de toutes les fautes que vous voudriez bien corriger chemin faisant. Les indiquer sans les corriger ne serait rien faire, car je suis absolument hors d'état d'y donner[4] la moindre attention, et si vous daignez en user comme de votre bien, pour changer, ajouter, ou retrancher, vous exercerez une charité[5] très-utile et dont je serai très-reconnaissant. Recevez, Monsieur, mes très-humbles excuses et mes salutations.

J. J. Rousseau au bailli de Hidau.

A l'Isle de Saint-Pierre, le 17 octobre 1765.

Monsieur[1],

J'obéirai à l'ordre de leurs Excellences avec le regret de sortir de votre gouvernement et de votre voisinage, mais avec la consolation d'emporter votre estime et celle des honnêtes gens. Nous entrons dans une saison dure, surtout pour un pauvre infirme[2]; je ne suis point préparé pour un long voyage, et mes affaires demanderaient[3] quelques préparations. J'aurais souhaité, Monsieur, qu'il vous eût plu de me

---

3. Revoir : wieberlefen. — 4. Donner : ſchenken. — 5. Exercer une charité : eine Liebe erweiſen.

1. Geehrter Herr. — 2. Infirme : gebrechlich. — 3. Demander : forbern.

marquer si l'on m'ordonnait de partir[3] sur le champ, ou si l'on voulait bien m'accorder[4] quelques semaines pour prendre les arrangements[5] nécessaires à ma situation. En attendant qu'il vous plaise de me prescrire un terme que je m'efforcerai même d'abréger, je supposerai qu'il m'est permis de séjourner ici jusqu'à ce que j'aie mis l'ordre le plus pressant à mes affaires; ce qui me rend ce retard presque indispensable, c'est que, sur des indices que je croyais sûrs, je me suis arrangé pour passer ici le reste de ma vie, avec l'agrément tacite du souverain. Je voudrais être sûr que ma visite ne vous déplairait pas. Quelque précieux que me soient les moments en cette occasion, j'en déroberai de bien agréables pour aller vous renouveler, Monsieur, les assurances de mon respect.

J. J. Rousseau à M. Hume.

Strasbourg, le 4 décembre 1765.

Vos bontés[1], Monsieur, me pénètrent autant qu'elles m'honorent. La plus digne réponse que je puisse faire à vos offres est de les accepter, et je les accepte. Je partirai dans cinq ou six jours pour aller[2] me jeter dans vos bras. C'est le conseil de Mylord Maréchal, mon protecteur, mon ami, mon père; c'est celui de

---

3. Partir : aufpacken. — 4. Accorder : gönnen. — 5. Prendre des arrangements : Vorkehrungen treffen.

1. Employez le singulier. — 2. Ne traduisez pas le verbe aller. —

Madame, dont la bienveillance éclairée me guide autant qu'elle me console ; enfin j'ose dire que c'est celui de mon cœur qui se plaît à devoir beaucoup au plus illustre de mes contemporains, dont la bonté surpasse la gloire. Je soupire après[3] une retraite solitaire et libre, où je puisse finir mes jours en paix. Si vos soins bienfaisants me la procurent, je jouirai tout ensemble et du seul bien que mon cœur désire et du plaisir de le tenir de vous. Je vous salue, Monsieur, de tout mon cœur.

Schiller à Gœthe.

Jena, le 2 janvier 1798.

Je regarde comme un excellent augure[1] pour moi que vous soyez le premier à qui j'écris sous ce nouveau millésime[2]. Puisse le sort vous être toujours aussi favorable qu'il l'a été pendant les deux années qui viennent[3] de s'écouler ! Je n'ai rien à vous souhaiter de mieux. Si moi aussi je pouvais enfin avoir le bonheur de produire[4] par de belles œuvres tout ce que la nature a mis de mieux en moi, tous mes vœux seraient accomplis.

3. Soupirer après : sich sehnen nach.

1. Augure : die Vorbedeutung. — 2. Millésime : das Jahreszeichen. — 3. Qui viennent : die eben. — 4. Produire : ans Licht bringen.

Gœthe à Schiller.

Weimar, le 3 janvier 1798.

C'est une bien grande satisfaction pour moi de me savoir si près de vous au commencement de cette année; je voudrais seulement vous voir bientôt et pouvoir vivre quelque temps avec vous. J'ai bien des choses à vous communiquer[1], à vous confier même, afin qu'une nouvelle époque de ma vie pensante et poétique puisse arriver[2] le plus tôt possible à sa maturité complète.

Schiller à Gœthe.

Jena, le 9 janvier 1798.

Je ne puis vous dire aujourd'hui qu'un petit bon-soir. J'ai passé toute la nuit sans dormir[1], et je me dispose[2] à me coucher. Comment vous trouvez-vous par ce temps affreux? moi j'en souffre dans tous mes nerfs. Je suis bien aise pour vous que vous ne soyez pas encore ici.

---

1. Communiquer : mittheilen. — 2. Arriver : gelangen.

1. Sans dormir : schlaflos. — 2. Se disposer : im Begriff seyn.

Gœthe à Schiller.

Weimar, le 29 août 1798.

Je vous remercie de tout mon cœur de votre bon souvenir à l'occasion de l'anniversaire de ma naissance[1], et surtout de l'intention que vous aviez de me venir voir. La journée s'est écoulée, pour moi, au milieu de distractions sans aucune utilité[2]. Que ne puis-je être bientôt près de vous!

A. de Humboldt à M. Hooker, dans l'Inde.

Potsdam, 31 octobre 1848.

Vous connaissez assez, mon cher Monsieur, l'amitié et la haute estime que je vous ai vouées[1] pour ne pas douter un instant du plaisir que j'ai éprouvé en recevant de vous un souvenir aussi affectueux et aussi riche en observations importantes. Vos deux lettres, en date du 25 juillet et du 9 août, me sont arrivées avec cette rapidité qui surprend, et qui prouve les progrès inouïs de l'art de la navigation.

Les tristes agitations politiques de mon pays et ma

---

1. Naissance : ber Geburtstag. — 2. Sans utilité : unnütz.

1. Alexandre de Humboldt, le savant le plus universel de notre époque, avait une grande bonté de cœur; et malgré quelques saillies trop vives, qu'une basse indiscrétion a divulguées, il n'a cessé, pendant sa longue carrière, de mettre autant de zèle à obliger qu'à s'instruire. Le nombre de ses bonnes œuvres égale celui de ses brillants travaux.

position auprès du Roi me forcent de vous offrir, plus laconiquement que je ne voudrais le faire, l'hommage de ma vive reconnaissance et d'un attachement héréditaire pour son objet, puisqu'il date du voyage de votre excellent père en Islande et de la bienveillance qu'il a daigné me montrer en publiant mes plantes cryptogames des Andes.

J'ai une qualité morale qui n'est pas commune parmi les voyageurs et dont j'aime à me vanter : je jouis de la gloire et des succès de mes amis. Jugez par là combien je me plais à l'idée qu'avec la variété de connaissances et de vues que vous avez acquises, Monsieur, aidé des conseils du plus savant et du plus expérimenté des scrutateurs de l'Himalaya, M. Hodgson, vous puissiez pénétrer en avant dans les pentes du Kinchinjinga que vous nous avez fait connaître[2]....

Vous voyez que je me suis bien occupé de votre demande[3]. Agé de près de quatre-vingts ans, je continuerai à donner mes conseils au professeur Berghaus ; mais mon âge, ma position, mes travaux ne me permettent aucunement de me mêler de la rédaction, de revoir ou d'examiner le manuscrit ou les cartes, ni d'en être le ministre responsable....

Si je demande votre correspondance directe avec M. Berghaus, ce n'est pas pour être privé de vos aimables lettres. Pourrez-vous lire mes infusoires[4] ?

---

2. Cette montagne du Tibet, récemment mesurée et supérieure au Dévalagiri, paraît dans la plus haute cime du globe. — 3. D'un Traité de géographie dont il lui trace le plan. — 4. Infusoires : Infuforien. Allusion à sa petite écriture.

Cnémon et Damnippe.

CNÉMON.

Voilà bien[1] le proverbe, le faon a vaincu le lion.

DAMNIPPE.

Qui peut causer ta colère, Cnémon?

CNÉMON.

Tu le demandes? Trompé[2] par mes propres ruses, malheureux que je suis, j'ai laissé[3] pour héritier celui que je ne voulais pas, et j'ai omis ceux que j'aurais le plus désiré voir possesseurs de mes biens.

DAMNIPPE.

Et comment cela est-il arrivé?

CNÉMON.

Je faisais la cour à Hermolaüs, veillard fort riche et sans enfants; il paraissait même recevoir mes soins avec plaisir[4]. Je crus faire un merveilleux coup d'adresse d'exposer en public mon testament, dans lequel je lui léguais toute ma fortune; j'espérais que, piqué d'émulation, il en ferait autant.

DAMNIPPE.

Qu'a-t-il fait?

CNÉMON.

J'ignore ce qu'il a pu écrire dans le sien, car je suis mort subitement de la chute d'un toit. Hermolaüs possède à présent tous mes biens, et, tel qu'un loup marin, il a dévoré l'amorce et l'hameçon.

---

1. Voilà bien : so bewährt sich. — 2. Trompé : bethört. — 3. Laisser : hinterlassen. — 4. Paraître recevoir les soins avec plaisir : der Dienstfertigkeit gern zusehen.

DAMNIPPE.

Et toi-même aussi, pêcheur maladroit, te voilà pris dans tes propres filets.

CNÉMON.

Je le vois bien, et c'est ce qui me fait[5] pleurer de rage.

LUCIEN (*Dialogues*).

❖

Nirée, Thersite, Ménippe.

NIRÉE.

Tiens, voilà Ménippe; il va juger qui de nous deux est le plus beau. Dis-nous un peu[1], Ménippe, ne suis-je pas plus beau que lui?

MÉNIPPE.

Qui êtes-vous? Il faut avant tout que je le sache.

NIRÉE.

Nirée et Thersite.

MÉNIPPE.

Qui des deux est Nirée, et quel est Thersite? Cela n'est pas aisé à deviner.

THERSITE.

J'ai déjà un avantage, celui de te ressembler; nous ne sommes pas aussi différents que le prétendait cet aveugle d'Homère, qui, par flatterie, t'appelle le plus beau des Grecs. Malgré ma tête chauve et pointue, je ne te suis point inférieur[2] aux yeux de notre juge.

---

5. C'est ce qui fait : beßwegen.

1. Un peu : einmal. — 2. Être inférieur : ſtehen unter, dat.; à : in

Examine à présent, Ménippe ; lequel des deux trouves-tu le plus beau ?

NIRÉE.

C'est moi, sans doute, le fils d'Aglaya et de Charaps, le plus beau des guerriers rassemblés devant Troie[3].

MÉNIPPE.

Tu n'es pas, en vérité, le plus beau des mortels rassemblés aux enfers ; vos deux squelettes sont parfaitement semblables[4]. Ton crâne ne diffère de celui de Thersite qu'en ce qu'il est plus fragile, car il est mou[5] et n'a rien de viril.

NIRÉE.

Demande à Homère quel j'étais quand je m'embarquai avec les Grecs.

MÉNIPPE.

Tu m'allègues[6] ici des rêves. Je m'en tiens à ce que je vois, à l'état où tu es à présent ; ceux qui existaient autrefois savent ce que tu étais alors.

NIRÉE.

Par conséquent, je suis encore plus beau que lui, Ménippe.

MÉNIPPE.

Vous n'êtes beaux ni l'un ni l'autre. L'égalité règne aux enfers, et tous les morts sont semblables.

THERSITE.

C'en[7] est assez pour moi.

LUCIEN.

— 3. Homère, *Iliade*, II. — 4. Être semblable : einander ähnlich fehn.
— 5. Mou : morſch. — 6. Alléguer des rêves : leeres Zeug vorſchwatzen.
— 7. Supprimez « en. »

Diogène et Cratès.

CRATÈS.

As-tu connu, Diogène, le riche Mœrichus, ce Corinthien opulent qui possédait plusieurs vaisseaux, et auquel son cousin Aristée, fort riche aussi lui-même, avait la coutume de dire ce mot d'Homère : ou tu m'enlèveras ou je t'enlèverai[1].

DIOGÈNE.

Pourquoi me fais-tu cette question ?

CRATÈS.

Ils se courtisaient mutuellement, dans l'espoir d'hériter[2] l'un de l'autre. Tous deux étaient du[3] même âge; tous deux avaient exposé leur testament en public. Mœrichus, dans le cas où il mourrait le premier, envoyait[4] Aristée en possession de tous ses biens, et de même Aristée laissait tous les siens à Mœrichus s'il le précédait[5]. Voilà ce que portaient[6] leurs testaments : en conséquence ils se faisaient mutuellement la cour et cherchaient à se surpasser[7] en flatterie. Les devins qui prédisent l'avenir, soit d'après le cours des astres, soit d'après les songes comme les Chaldéens, accordaient la victoire tantôt à Aristée, tantôt à Mœrichus : la balance penchait[8] un jour pour celui-ci, le lendemain pour celui-là.

DIOGÈNE.

Quelle a été l'issue de ce combat, Cratès? Cela paraît curieux à savoir[9].

---

1. Homère, *Iliade*, XXIII : Η ἐμ' ἀνάειρ', ἢ ἐγὼ σέ. — 2. Hériter de quelqu'un : einen beerben. — 3. Du : in, sans article. — 4. Envoyer en possession : zum Besitzer einsetzen. — 5. Précéder: vorangehen. — 6. Porter : verfügen. — 7. Surpasser : überbieten. — 8. Pencher : sich neigen. — 9. Curieux à savoir : kurios zu seyn.

CRATÈS.

Tous deux sont morts le même jour[1], et leurs héritages sont passés à[2] Eunomius et Thrasyclès, leurs parents, auxquels on n'avait jamais prédit que les choses tourneraient de la sorte. Les deux cousins, en traversant la mer de Sicyone à Cyrra, ont été surpris[3] par un coup de vent, et ils ont fait naufrage.

DIOGÈNE.

C'est bien fait. Pour nous, lorsque nous vivions, nous étions bien éloignés de former à l'égard l'un de l'autre aucun projet semblable. Jamais je n'ai souhaité qu'Antisthènes mourût pour hériter de son bâton. Cependant, il en avait un vigoureux, fait d'olivier franc[4]. Et je ne pense pas que tu aies jamais désiré[5] ma mort pour posséder mes biens, je veux dire, mon tonneau et ma besace qui contenait deux mesures de pois chiches.

CRATÈS.

Je n'avais pas besoin, non plus que toi, de faire de pareils vœux. Ce qui nous était nécessaire, nous l'avions hérité, toi d'Antisthènes, et moi de toi. Cet héritage était préférable[6] à l'empire des Perses, et mille fois plus noble.

DIOGÈNE.

Et c'était?

CRATÈS.

La sagesse, la modération, la vérité, la franchise et la liberté.

---

1. Le même jour : an einem Tag. — 2. Passer à : übergehen auf; accus. v. insépar. — 3. Surprendre : überfallen; insépar. — 4. Fais d'olivier franc : von Ölbaum, echtes Stammholz. — 5. Désirer : sich sehnen nach; dat. — 6. Préférable à : vorzüglicher als.

DIOGÈNE.

Oui, je me souviens que ce fut[1] la richesse que je reçus d'Antisthènes; je te la laissai après l'avoir augmentée.

CRATÈS.

Cependant, les autres hommes négligeaient[2] de pareilles possessions; aucun ne nous faisait la cour, dans l'espoir de devenir nos héritiers : tous n'avaient les yeux fixés[3] que sur l'or.

DIOGÈNE.

Cela n'est pas étonnant : ils n'étaient pas en état de recevoir de nous des richesses de cette nature. Entièrement criblés par la volupté, semblables à des bourses sans fond, en vain eût-on jeté en eux des semences de sagesse : elles seraient tombées sur un sol stérile. Ces gens-là ressemblent aux Danaïdes, qui versent de l'eau dans un tonneau percé : mais pour l'or, ils le gardent avec leurs dents, avec leurs ongles, et par toute sorte de moyens.

CRATÈS.

Aussi, nous possédons ici-même nos richesses, tandis que les autres n'y apportent qu'une obole; encore n'échappe-t-elle pas au batelier.

LUCIEN.

---

1. Tournez : « Oui, je me souviens, ce (ſolches) fut.... » 2. Négliger : verſchmähen. — 3. Avoir les yeux fixés : die Blicke heften.

Le Bourgeois gentilhomme.

ACTE II, SCÈNE IV.

M. Jourdain; le maître de philosophie, le maître de musique, le maître de danse, le maître d'armes, un laquais.

M. JOURDAIN.

Holà! monsieur le philosophe, vous arrivez tout à propos avec votre philosophie. Venez un peu mettre la paix[1] entre ces personnes-ci.

LE MAÎTRE DE PHILOSOPHIE.

Qu'est-ce donc? qu'y a-t-il, messieurs?

M. JOURDAIN.

Ils se sont mis en colère[2] pour la préférence de leurs professions, jusqu'à se dire des injures, et en vouloir venir aux mains[3].

LE MAÎTRE DE PHILOSOPHIE.

Eh quoi! messieurs, faut-il s'emporter de la sorte? et n'avez-vous point lu le docte traité que Sénèque a composé de la colère? Y a-t-il rien de plus bas et de plus honteux que cette passion, qui fait d'un homme une bête féroce? et la raison ne doit-elle pas être maîtresse de tous nos mouvements?

LE MAÎTRE DE DANSE.

Comment, monsieur! Il vient nous dire des injures à tous deux, en méprisant la danse que j'exerce, et la musique dont il fait profession[4]!

1. Mettre la paix : zu Frieden bringen. — 2. Se mettre en colère pour : in Zorn gerathen um. — 3. En venir aux mains : handgemein werben. — 4. Profession : das Gewerbe.

LE MAÎTRE DE PHILOSOPHIE.

Un homme sage est au-dessus de toutes les injures qu'on lui peut dire; et la grande réponse qu'on doit faire aux outrages, c'est la modération et la patience.

LE MAÎTRE D'ARMES.

Ils ont tous deux l'audace de vouloir comparer[1] leurs professions à la mienne!

LE MAÎTRE DE PHILOSOPHIE.

Faut-il que cela vous émeuve! Ce n'est pas de vaine gloire et de condition que les hommes doivent disputer entre eux; et ce qui nous distingue parfaitement les uns des autres, c'est la sagesse et la vertu.

LE MAÎTRE DE DANSE.

Je lui soutiens que la danse est une science à laquelle on ne peut faire assez d'honneur.

LE MAÎTRE DE MUSIQUE.

Et moi, que la musique en est une que tous les siècles ont révérée.

LE MAÎTRE D'ARMES.

Et moi, je leur soutiens à tous deux que la science de tirer des armes[2] est la plus belle et la plus nécessaire de toutes les sciences.

LE MAÎTRE DE PHILOSOPHIE.

Et que sera donc la philosophie? Je vous trouve tous trois bien impertinents[3] de parler devant moi avec cette arrogance, et de donner impudemment le nom de science à des choses que l'on ne doit pas même honorer du nom d'art, et qui ne peuvent être comprises que sous le nom de métier misérable de gladiateur, de chanteur et de baladin.

---

1. Comparer : gleichstellen. — 2. La science de tirer les armes : die Fechtkunst. — 3. Impertinent : ungeschickt.

TOUS TROIS.

Allez, bélître de pédant[1].

LE MAÎTRE DE PHILOSOPHIE.

Comment! marauds[2] que vous êtes... (Le philosophe se jette sur eux, et ils le chargent de coups[3]).

M. JOURDAIN.

Monsieur le philosophe!

LE MAÎTRE DE PHILOSOPHIE.

Infâmes, coquins, insolents[4]!

M. JOURDAIN.

Monsieur le philosophe!

LE MAÎTRE D'ARMES.

La peste de[5] l'animal!

M. JOURDAIN.

Messieurs!

LE MAÎTRE DE PHILOSOPHIE.

Impudents[6]!

M. JOURDAIN.

Monsieur le philosophe!

LE MAÎTRE DE DANSE.

Diantre soit de l'âne bâté!

M. JOURDAIN.

Messieurs!

LE MAÎTRE DE PHILOSOPHIE.

Scélérats[7]!

1. Bélître de pédant : pedantischer Dummkopf. — 2. Maraud : Schuft. — 3. Charger de coups : weidlich hauen auf et l'accus. — 4. Ihr Verruchten, Schurken, Unverschämten! — 5. La peste de : zum Teufel mit. — 6. O der Schamlosen! — 7. Bösewichter.

M. JOURDAIN.

Monsieur le philosophe!

LE MAÎTRE DE MUSIQUE.

Au diable l'impertinent!

M. JOURDAIN.

Messieurs!

LE MAÎTRE DE PHILOSOPHIE.

Fripons, gueux, traîtres, imposteurs!

M. JOURDAIN.

Monsieur le philosophe! Messieurs! Monsieur le philosophe! Messieurs! Monsieur le philosophe? (Ils sortent en se battant.)

MOLIÈRE.

❈

L'Avare.

ACTE V, SCÈNE II.

Harpagon, un commissaire, maître Jacques.

MAÎTRE JACQUES (dans le fond du théâtre, en se retournan du côté par lequel il est entré.)

Je m'en vais revenir. Qu'on me[1] l'égorge tout à l'heure; qu'on me lui fasse griller les pieds; qu'on me le mette dans l'eau bouillante, et qu'on me le pende au plancher.

HARPAGON (à maître Jacques).

Qui? Celui qui m'a dérobé[2]?

1. Qu'on me : man ſoll ihn mir. — 2. Dérober : beſtehlen.

MAÎTRE JACQUES.

Je parle d'un cochon de lait que votre intendant me vient d'envoyer, et je veux vous l'accommoder [1] à ma fantaisie.

HARPAGON.

Il n'est pas question de cela ; et voilà, monsieur, à qui il faut parler d'autre chose.

LE COMMISSAIRE (à maître Jacques).

Ne vous épouvantez point. Je suis un homme à ne vous point scandaliser [2], et les choses iront dans la douceur.

MAÎTRE JACQUES.

Monsieur est de votre souper ?

LE COMMISSAIRE.

Il faut ici, mon cher ami, ne rien cacher à votre maître.

MAÎTRE JACQUES.

Ma foi [3], monsieur, je vous montrerai tout ce que je sais faire, et je vous traiterai [4] du mieux qu'il me sera possible.

HARPAGON.

Ce n'est pas là l'affaire.

MAÎTRE JACQUES.

Si je ne vous fais pas aussi bonne chère que je voudrais, c'est la faute de [5] monsieur votre intendant, qui m'a rogné [6] les ailes avec les ciseaux de son économie.

HARPAGON.

Traître ! il s'agit d'autre chose que de souper ; et je veux que tu me dises des nouvelles de l'argent qu'on m'a pris.

---

1. Accommoder : zurichten. — 2. Scandaliser : verblüffen. — 3. Ma foi : meiner Treu! — 4. Traiter : tractiren. — 5. C'est la faute de : so ist die Schuld an ; dat. — 6. Rogner : zustutzen.

MAÎTRE JACQUES.

On vous a pris de l'argent?

HARPAGON.

Oui, coquin, et je m'en vais te faire pendre, si tu ne me le rends.

LE COMMISSAIRE (à Harpagon).

Mon Dieu! ne le maltraitez point. Je vois à sa mine qu'il est honnête homme, et que, sans se faire mettre en prison, il vous découvrira ce que vous voulez savoir. Oui, mon ami, si vous nous confessez la chose, il ne vous sera fait aucun mal[1] et vous serez récompensé comme il faut par votre maître. On lui a pris aujourd'hui son argent, et il n'est pas que vous ne sachiez quelques nouvelles de cette affaire.

MAÎTRE JACQUES (bas à part).

Voici justement ce qu'il me faut pour me venger de notre intendant. Depuis qu'il est entré céans, il est le favori; on n'écoute que ses conseils; et j'ai aussi sur le cœur les coups de bâton de tantôt[2].

HARPAGON.

Qu'as-tu à ruminer[3]?

LE COMMISSAIRE (à Harpagon).

Laissez-le faire[4]. Il se prépare à vous contenter; et je vous ai bien dit qu'il était honnête homme.

MAÎTRE JACQUES.

Monsieur, si vous voulez que je vous dise les choses, je crois que c'est monsieur votre cher intendant qui a fait le coup.

HARPAGON.

Valère!

1. Il ne vous sera fait aucun mal : so wird Ihnen kein Übles geschehen. — 2. Es wurmt auch bei mir die Tracht Schläge von eben. — 3. Worüber brütest du denn? — 4. Faire : gewähren.

MAÎTRE JACQUES.

Oui.

HARPAGON.

Lui! qui me paraît si fidèle?

MAÎTRE JACQUES.

Lui-même. Je crois que c'est lui qui vous a dérobé.

HARPAGON.

Et sur quoi le crois-tu?

MAÎTRE JACQUES.

Sur quoi?

HARPAGON.

Oui.

MAÎTRE JACQUES.

Je le crois.... sur ce que je le[1] crois.

LE COMMISSAIRE.

Mais il est nécessaire de dire les indices que vous avez.

HARPAGON.

L'as-tu vu rôder autour du lieu où j'avais mis mon argent?

MAÎTRE JACQUES.

Oui, vraiment; où était-il votre argent?

HARPAGON.

Dans une cassette.

MAÎTRE JACQUES.

Voilà l'affaire : je lui ai vu une cassette.

HARPAGON.

Et cette cassette, comment était-elle faite? Je verrai bien si c'était la mienne.

MAÎTRE JACQUES.

Comment était-elle faite?

1. Weil ich es eben....

HARPAGON.

Oui.

MAÎTRE JACQUES.

Elle est faite.... elle est faite comme une cassette.

LE COMMISSAIRE.

Cela s'entend. Mais dépeignez-la un peu, pour voir[1].

MAÎTRE JACQUES.

C'est une grande cassette.

HARPAGON.

Celle qu'on m'a volée est petite.

MAÎTRE JACQUES.

Hé! oui, elle est petite, si on le veut prendre par là[2]; mais je l'appelle grande pour ce qu'elle contient.

LE COMMISSAIRE.

Et de quelle couleur est-elle?

MAÎTRE JACQUES.

De quelle couleur?

LE COMMISSAIRE.

Oui.

MAÎTRE JACQUES.

Elle est de couleur.... là, d'une certaine couleur.... Ne sauriez-vous m'aider à dire?

HARPAGON.

Euh?

MAÎTRE JACQUES.

N'est-elle pas rouge?

HARPAGON.

Non, grise.

---

1. Pour voir : damit wir sehen. — 2. Si on le veut prendre par là : wenn man es von der Seite ansieht; der dans le sens de biefer.

MAÎTRE JACQUES.

Hé! oui, grise-rouge, c'est ce que je voulais dire.

HARPAGON.

Il n'y a point de doute; c'est elle assurément. Écrivez, monsieur, écrivez sa déposition. Ciel! à qui désormais se fier? Il ne faut plus jurer de rien; et je crois, après cela, que je suis homme à me voler moi-même.

MAÎTRE JACQUES.

Monsieur, le voici qui revient. Ne lui allez pas dire, au moins, que c'est moi qui vous ai découvert cela.

MOLIÈRE.

Emilia Galotti.

ACTE II, SCÈNE IX.

Le comte Appiani; Claudia Galotti; Pirro; puis Marinelli.

PIRRO.

Madame, l'équipage du marquis Marinelli arrête devant[1] la maison; on demande après[2] monsieur le comte.

APPIANI.

Après moi?

PIRRO.

Voici monsieur le marquis. (Il ouvre et se retire.)

MARINELLI.

Je vous demande pardon, madame.... Monsieur le comte, j'ai fait arrêter devant chez vous et j'ai appris que je vous rencontrerais ici. Une affaire pressante

1. Der Marchese hält vor.... — 2. S'informer après : sich erkundigen nach.

m'amène auprès de vous[1].... Madame, je vous réitère mes excuses; je n'ai besoin que de quelques minutes.

CLAUDIA.

Sur lesquelles je ne veux point usurper[2]. (Elle s'incline et se retire.)

SCÈNE X.

Marinelli, Appiani.

APPIANI.

Eh! bien, monsieur?

MARINELLI.

Je viens d'ordre de Son Altesse[3] le Prince.

APPIANI.

Quelle est sa volonté?

MARINELLI.

Je suis fier d'être le messager d'une faveur si exceptionnelle[4].... Et si monsieur le comte Appiani ne s'obstine pas à méconnaître[5] en moi un de ses amis les plus dévoués....

APPIANI.

Trêve de préambules[6] si vous voulez bien.

MARINELLI.

De mieux en mieux! Il faut que le Prince expédie sur-le-champ un plénipotentiaire au duc de Massa, relativement au mariage avec la princesse sa fille. Après de longues incertitudes[7] touchant cette nomination, son choix s'est enfin fixé[8] sur vous, monsieur le comte.

1. Ich habe ein bringendes Geschäft an Sie. — 2. Die ich nicht verzögern will. — 3. Son Altesse le Prince : Seine Durchlaucht der Fürst. — 4. Exceptionnel : vorzüglich. — 5. S'obstiner à méconnaître : mit Gewalt verkennen. — 6. Ohne weitere Vorrede. — 7. Er war lange unschlüssig. — 8. Se fixer : fallen.

APPIANI.

Sur moi?

MARINELLI.

Et c'est là un acte.... s'il est permis à un ami d'en tirer vanité[1].... auquel je ne suis pas étranger....

APPIANI.

En vérité, vous m'embarrassez quant[2] aux remerciements.... Voilà déjà bien longtemps que je ne m'attends plus à être honoré par le Prince de quelque emploi.

MARINELLI.

Je suis sûr qu'il ne lui a manqué pour cela qu'une occasion digne de vous. Et même au cas où celle-ci ne serait pas assez digne d'un homme tel que le comte Appiani, soyez certain que c'est mon amitié qui a agi avec trop de précipitation[3].

APPIANI.

Votre amitié! Voilà la troisième fois que vous me gratifiez de cette expression[4]. Qui donc ai-je devant moi? Je n'aurais jamais rêvé que je possédais l'amitié du marquis Marinelli....

MARINELLI.

Je reconnais mes torts[5], monsieur le comte, mes torts impardonnables.... Mais au fait[6], qu'importe? La faveur du Prince, l'honneur qui vous échoit[7] restent ce qu'ils sont, et je ne doute point que vous ne vous empressiez d'y déférer[8].

---

1. Tirer vanité : rühmredig werden. — 2. Embarrasser quant .... in Verlegenheit setzen wegen ; gén. — 3. Agir avec trop de précipitation : voreilig seyn. — 4. Rendez ce membre de phrase par ces quatre mots : um das dritte Wort. — 5. Mein Unrecht. — 6. Au fait : bei dem allem. — 7. Qui vous échoit : angetragen; littéralement : « proposé ». — 8. S'empresser de déférer : mit Begierde ergreifen.

APPIANI.

(Après quelque réflexion.)

Assurément.

MARINELLI.

Eh bien, venez.

APPIANI.

Où donc?

MARINELLI.

A Dosalo, auprès du Prince. Tout est déjà prêt; il faut que vous partiez aujourd'hui même.

APPIANI.

Que dites-vous?... Aujourd'hui même?

MARINELLI.

Et plutôt à l'instant même qu'après; la chose est des plus pressées [1].

APPIANI.

Vraiment?... Eh bien, je suis fâché d'être obligé de décliner [2] l'honneur que le Prince m'a réservé [3].

MARINELLI.

Comment?

APPIANI.

Je ne puis partir aujourd'hui.... ni demain.... ni encore après-demain....

MARINELLI.

Vous plaisantez, monsieur le comte.

APPIANI.

Avec vous?

MARINELLI.

A merveille! Si la plaisanterie s'adresse au Prince, elle n'en est que plus gaie [4].... Vous ne pouvez pas?

1. Des plus pressées : von der äußersten Eile. — 2. Décliner : fich, à soi, verbitten. — 3. Réserver : zudenfen. — 4. Gai : luftig.

APPIANI.

Non, monsieur, non ; et j'espère que le Prince lui-
même acceptera [1] mon excuse.

MARINELLI.

Que je suis avide d'entendre.

APPIANI.

Oh! une bagatelle. C'est aujourd'hui même que je
dois prendre [2] femme.

MARINELLI.

Eh bien ! Et puis?

APPIANI.

Et puis, et puis.... Votre question est naïve à dés-
espérer [3].

MARINELLI.

On a des exemples, monsieur le comte, de noces
remises. Sans doute je ne crois pas que la chose soit
toujours agréable à l'un ou à l'autre des fiancés. Cela
peut avoir ses désagréments.... mais il me semble
que l'ordre du maître....

APPIANI.

L'ordre du maître?... du maître?... Celui que l'on
ne se choisit pas soi-même n'est point, à vrai dire,
notre maître. Je conviens que vous devez au Prince
une obéissance plus absolue; mais moi, non pas. Je
suis venu volontairement à sa cour; je recherchais
l'honneur de le servir, mais non d'être son esclave.
Je suis le vassal d'un maître plus grand....

MARINELLI.

Plus ou moins grand, un maître est un maître.

---

1. Accepter : gelten laſſen. — 2. Suppléez : « une ». — 3. A déses-
pérer : verzweifelt ; adverbe.

APPIANI.

Que j'aille disputer avec vous là-dessus!... Il suffit; dites au Prince ce que vous avez entendu; je suis fâché de ne pouvoir accepter cette faveur[1], parce que je contracte aujourd'hui une union[2] qui doit faire mon bonheur.

MARINELLI.

Ne voulez-vous pas lui[3] faire savoir en même temps avec qui?

APPIANI.

Avec Emilia Galotti.

MARINELLI.

La fille de cette maison?

APPIANI.

De cette maison.

MARINELLI.

Hem! hem!

APPIANI.

Plait-il[4]?

MARINELLI.

Il me semble, d'après cela, qu'il y aurait moins de difficulté à ce que la cérémonie fût différée[5] jusqu'à votre retour.

APPIANI.

La cérémonie? la cérémonie seulement?

MARINELLI.

Ces bons parents n'y regarderaient pas de si près[6].

APPIANI.

Ces bons parents?

---

1. Cette faveur : feine Gnabe. — 2. Consommer une union : eine Verbinbung vollziehen. — 3. Lui, accusatif. — 4. Was beliebt. — 5. Différer : ausseßen. — 6. Y regarder de près : es genau nehmen.

MARINELLI.

Et Emilia vous restera bien assurément.

APPIANI.

Bien assurément?... En vérité, avec votre *bien assurément*, vous êtes un nigaud achevé [1] ; mais....

MARINELLI.

Comte, est-ce à moi que?...

APPIANI.

Pourquoi pas?

MARINELLI.

Enfer et ciel! Nous nous parlerons.

APPIANI.

Bah! le singe est malin [2], mais....

MARINELLI.

Malédiction et mort! Comte, j'exige satisfaction.

APPIANI.

Cela s'entend.

MARINELLI.

Et je l'exigerais sur-le-champ.... Seulement je ne voudrais pas empoisonner au tendre époux une pareille journée.

APPIANI.

L'homme charitable [3]! Mais non! mais non!
(Le saisissant par la main.)
Je n'ai guère la fantaisie de me faire envoyer aujourd'hui à Massa; mais, pour une promenade avec vous, j'ai du temps de reste. Venez, venez.

MARINELLI se dégage et s'en va.

Un peu de patience, comte, un peu de patience.

---

1. Un nigaud achevé : ein ganzer Affe. — 2. Malin : hämisch. — 3. Gutherziges Ding!

SCÈNE XI.

Appiani; Emilia Galotti.

APPIANI.

Va, misérable!... Ah! cela m'a fait du bien. Mon sang s'est échauffé[1]; je sens que je suis différent et meilleur.

CLAUDIA (en toute hâte et avec inquiétude).

Ciel! monsieur le comte, j'ai entendu une violente altercation[2]; votre visage est en feu[3]. Que s'est-il passé?

APPIANI.

Rien, madame, absolument rien. Le chambellan Marinelli m'a rendu un grand service; il m'a dispensé[4] d'une course chez le prince.

CLAUDIA.

Est-il vrai?

APPIANI.

Nous pouvons maintenant hâter d'autant plus notre départ. Je vais presser[5] mes gens et serai de retour dans un instant. Emilia, en attendant, achèvera ses apprêts.

CLAUDIA.

Puis-je être complétement rassurée[6], monsieur le comte?

APPIANI.

Complétement, madame.

(Elle rentre, le comte sort.)
LESSING (trad. J.-N. Ch.).

---

1. S'échauffer : in Wallung kommen. — 2. Violente altercation : heftiger Wortwechsel. — 3. Être de feu : glühen. — 4. Dispenser : überheben. — 5. Presser : treiben. — 6. Rassuré : ruhig.

Don Juan d'Autriche.

SCÈNE XI, ACTE I.

Philippe II (sous le nom de comte); don Juan, son frère;
don Quexada, gouverneur.

DON QUEXADA (avec embarras [1]).

Oserai-je demander à Votre Excellence si elle est satisfaite?

PHILIPPE II.

Je vous fais mon compliment, sèigneur Quexada.

DON JUAN.

Il y avait bien quelque chose à dire; mais le comte est indulgent, et il a pris sur tout cela le parti qu'il fallait prendre.

DON QUEXADA.

Quoi! véritablement.

PHILIPPE II.

Du moins, je serai décidé dans le jour. Quelques affaires m'appellent, permettez-moi de vous quitter.

DON JUAN.

On les connaît vos graves affaires, et on sait qu'elles n'admettent [2] pas de retard.

PHILIPPE II (à Quexada).

J'espère vous retrouver à un rendez-vous que m'a donné votre élève.

DON QUEXADA.

Je n'aurais garde d'y manquer.

---

1. Verlegen. — 2. Admettre : gestatten.

DON JUAN.

Chez une personne dont vous serez enchanté. En vous engageant à lui rendre visite, le comte n'a fait que[1] prévenir[2] mon invitation.

PHILIPPE II.

Je vous renouvelle mon compliment, Don Quexada! votre élève vous fait honneur.

DON QUEXADA.

Votre Excellence me comble.

PHILIPPE II.

A revoir, seigneur Don Juan.

DON JUAN (lui serre la main en le reconduisant).

A revoir, très-cher comte.

DON QUEXDA.

Il le traite comme son camarade!

SCÈNE XII, ACTE I.

Don Juan, don Quexada.

DON JUAN (se jetant dans les bras de Quexada).

Ah! que je vous embrasse! Tout va le mieux du monde; mais adieu!...

DON QUEXADA.

Arrêtez : vous a-t-il dit qui vous êtes?

DON JUAN (revenant).

Pas encore : rendez-moi ce service-là, vous?

DON QUEXADA.

Qu'est-ce que vous me demandez, mon enfant? J'ai donné ma parole; c'est impossible.

1. Ne faire que : nur. — 2. Prévenir : vorgreifen.

DON JUAN.

Faites la chose à moitié[1]; dites-moi au moins le nom de ma mère.

DON QUEXADA.

Est-ce que je le pourrais? C'est bien une autre difficulté.

DON JUAN.

Comme vous voudrez. Le comte n'y met pas tant de mystère, et il doit tout me révéler chez elle.

DON QUEXADA.

Chez qui?

DON JUAN.

Chez votre belle-fille.

DON QUEXADA.

Comment?

DON JUAN.

Vous êtes de noce.

DON QUEXADA.

De noce, moi! et de quelle noce?

DON JUAN.

Parbleu!... mon excellent ami, ce n'est pas de la vôtre, mais de la mienne.

DON QUEXADA.

Vous vous mariez?

DON JUAN.

Et je compte qu'il sera l'un de mes témoins, vous l'autre.

DON QUEXADA.

Que me proposez[2]-vous là? Vous me faites trop d'honneur.

1. Faire à moitié : halb thun. — 2. Proposer : antragen.

DON JUAN.

Pas plus qu'à lui.

DON QUEXADA.

Je n'en reviens pas[1] ; et il donne son consentement ?

DON JUAN.

Ou peu s'en faut[2]. C'est un très-galant homme, et nous serons bientôt amis intimes. Mais adieu ! je cours vous attendre chez elle ; Raphaël vous donnera son adresse.

DON QUEXADA.

Quoi ! Raphaël, qui est dans ma maison depuis vingt ans, m'a trompé ?

DON JUAN.

Par tendresse pour moi.

DON QUEXADA.

Et Domingo aussi ?

DON JUAN.

Par interêt.

DON QUEXADA.

Et Ginès ?

DON JUAN.

Par bêtise. Mais ne leur en veuillez pas, si vous m'aimez ; ils l'ont fait pour mon bonheur.

DON QUEXADA.

Voilà bien le comble de l'humiliation[3]. Mes trois serviteurs ! n'est-il pas désespérant, pour un ancien conseiller intime, d'avoir lutté de ruse toute sa vie avec les plus adroits, pour finir par être la dupe de trois imbéciles !

---

1. Ist mir unbegreiflich. — 2. Ou peu s'en faut : so ungefähr. — 3. Le comble de l'humiliation : die tiefste Erniedrigung.

DON JUAN.

Ah! mon respectable maître, c'est qu'il n'y a rien de si dangereux qu'un duel avec un sot pour un homme d'esprit : il oublie de se mettre en garde[1]. Adieu! adieu! je vais prendre[2] mon épée, et je cours chez dona Florinde.

DON QUEXADA.

Son épée!... un mariage! Expliquez-moi donc?... Je ne sais plus où j'en suis. (Il suit don Juan.)

C. DELAVIGNE.

L'Avocat Patelin.

SCÈNE IV, ACTE I.

PATELIN (seul).

Elle n'est pas encore fermée.... Je songe que je ne ferai pas mal d'aller mettre ma robe[1]; outre qu'elle cachera ces guenilles, une robe donnera plus de poids à ce que je vais dire à M. Guillaume pour venir à bout[2] de mon dessein.... Le voilà avec son fils; allons nous mettre[3] *in habitu*, et revenons promptement.

---

1. Se mettre en garde : ſich decken; ſich vorſehen. — 2. Aller prendre holen.

1. La robe : das Amtkleid. — 2. Venir à bout : durchführen. — 3. Wir wollen in habitu erſcheinen.

SCÈNE V.

Guillaume devant sa boutique, portant une pièce de drap; Valère.

GUILLAUME (à part, étalant sa pièce de drap).

On commence à ne voir guère clair dans la boutique : exposons ceci un peu à la vue des passants... Oh! çà, Valère, je t'avais dit de me chercher un berger pour garder un troupeau dont la laine sert à faire mes draps.

VALÈRE.

Est-ce, mon père, que vous n'êtes pas content d'Agnelet?

GUILLAUME.

Non, car il me vole; et je te soupçonne[1] d'y avoir part.

VALÈRE.

Moi?

GUILLAUME.

Oui, toi. J'ai su que tu fais des présents à quelqu'un, et je sais qu'Agnelet est fiancé avec une personne qui sert ce quelqu'un : tout cela fait que je te soupçonne.

VALÈRE (à part[2]).

Qui diantre! nous a découverts? (Haut.) Je vous assure, mon père, qu'Agnelet nous sert très-fidèlement.

GUILLAUME.

Oui, toi, mais non pas moi; car depuis un mois qu'il a quitté le fermier avec qui il demeurait, pour

1. Soupçonner : im Verdacht haben. — 2. A part : für sich.

entrer en mon service[1], il me manque six vingts moutons; et il n'est pas possible qu'en si peu de temps il en soit mort, comme il le dit, un si grand nombre de la clavelée[2].

VALÈRE.

Les maladies font quelquefois de grands ravages[3].

GUILLAUME.

Oui, avec des médecins; mais les moutons n'en ont pas. D'ailleurs, cet Agnelet fait le nigaud; mais c'est un niais et le plus rusé... Enfin, je l'ai pris sur le fait[4], tuant[5] de nuit un mouton. Je l'ai battu[6], et je l'ai fait ajourner[7] devant M. le Juge. Cependant, avant que de pousser plus loin l'affaire, j'ai voulu savoir si tu n'avais point quelque part[8] au vol qu'il m'a fait.

VALÈRE.

Ah! mon père, j'ai trop de respect pour vos moutons.

GUILLAUME.

Je vais donc le poursuivre en justice[9]; mais je veux examiner un peu mieux la chose. Donne-moi mon livre de compte : approche[10] cette chaise. (Valère lui donne un livre et une chaise.) C'est assez[11], laisse-moi. Si un sergent[12] que j'ai envoyé quérir me demande[13], fais-moi appeler. Je resterai encore un peu ici, en cas que quelque acheteur se présente.

---

1. Entrer au service : in die Dienſte treten. — 2. Mourir de la clavelée : an den Pocken verrecken; auxil. ſeyn. — 3. Faire des ravages : Verheerungen anrichten. — 4. Prendre sur le fait : auf friſcher That ertappen. — 5. Tuer : würgen, ſchlachten. — 6. Battre : durchprügeln. — 7. Ajourner : beſcheiden. — 8. Part : der Antheil an; dat. — 9. Poursuivre en justice : gerichtlich verfahren; suppléez : gegen. — 10. Approcher : näher rücken. — 11. C'est assez : ſchon gut. — 12. Sergent : der Häſcher. — 13. Demander quelqu'un : nach einem fragen.

VALÈRE (à part).

Allons dire à Agnelet qu'il vienne trouver mon père, pour s'accommoder avec lui.

SCÈNE VI.

Patelin, Guillaume.

PATELIN (à part).

Bon ! Le voilà seul ; approchons.

GUILLAUME, (à part, feuilletant son livre).

Compte du troupeau, etc. Six cents bêtes, etc.

PATELIN (à part, lorgnant le drap [1]).

Voilà une pièce de drap qui ferait bien mon affaire. Serviteur, monsieur.

GUILLAUME (sans le regarder).

Est-ce le sergent que j'ai envoyé quérir ? Qu'il attende.

PATELIN.

Non, monsieur ; je suis....

GUILLAUME (le regardant).

Une robe ! Le procureur [2] donc ?... Serviteur.

PATELIN.

Non, monsieur, j'ai l'honneur d'être avocat.

GUILLAUME.

Je ne vous connais point, monsieur.

PATELIN (à part).

Il faut se faire connaître.... (Haut.) J'ai trouvé, monsieur, dans les mémoires de feu mon père, une dette [3] qui n'a pas été payée, et....

1. Lorgnant le drap : auf's Tuch schielend. — 2. Le procureur : ter Assessor. — 3. Une dette : einen Posten.

GUILLAUME.

Ce ne sont pas mes affaires; je ne dois rien.

PATELIN.

Non, monsieur; c'est au contraire feu mon père qui devait au vôtre trois cents écus; et comme je suis homme d'honneur, je viens vous payer....

GUILLAUME.

Me payer? Attendez, Monsieur, s'il vous plaît[1]. Je me remets[2] un peu votre nom. Oui, je connais depuis longtemps votre famille. Vous demeuriez au village ici près : nous nous sommes connus autrefois. Je vous demande excuse, je suis votre très-humble et très-obéissant serviteur. (Lui offrant sa chaise.) Asseyez-vous là, je vous prie; asseyez-vous là.

PATELIN.

Monsieur....

GUILLAUME.

Monsieur....

PATELIN (s'asseyant).

Si tous ceux qui me doivent étaient aussi exacts à payer leurs dettes, je serais beaucoup plus riche que je ne suis; mais je ne sais point détenir le bien d'autrui.

GUILLAUME.

C'est pourtant ce qu'aujourd'hui beaucoup de gens savent fort bien faire.

PATELIN.

Je tiens que la première qualité d'un honnête homme[3] est de bien payer ses dettes; et je viens savoir quand vous serez de commodité[4] de recevoir vos trois cents écus.

---

1. Gefälligst. — 2. Se remettre : sich entsinnen; génitif. — 3. Honnête homme : Ehrenmann. — 4. Wann es Ihnen genehm seyn wird.

GUILLAUME.

Tout à l'heure.

PATELIN.

J'ai chez moi votre argent tout prêt et bien compté ; mais il faut vous donner le temps de dresser une quittance par-devant notaire. Ce sont des charges d'une succession qui regarde[1] ma fille Henriette, et j'en dois rendre un compte en forme.

GUILLAUME.

Cela est juste. Hé bien ! demain matin, à cinq heures.

PATELIN.

A cinq heures, soit. J'ai peut-être mal pris mon temps[2], monsieur Guillaume ; je crains de vous détourner.

GUILLAUME.

Point du tout, je n'ai que trop de loisir ; on ne vend rien.

PATELIN.

Vous faites pourtant plus d'affaires vous seul que tous les négociants de ce lieu[3].

GUILLAUME.

C'est que je travaille beaucoup.

PATELIN.

C'est que vous êtes, ma foi, le plus habile homme de tout ce pays.... (Examinant la pièce de drap.) Voilà un assez beau drap.

GUILLAUME.

Fort beau.

PATELIN.

Vous faites votre commerce avec une intelligence....

---

1. Qui regarde : betreffs ; génit. — 2. Ich bin vielleicht zur unrechten Zeit gekommen. — 3. De ce lieu : hiesigen Ortes.

GUILLAUME.

Oh ! Monsieur.

PATELIN.

Avec une habileté merveilleuse.

GUILLAUME.

Oh! oh! Monsieur....

PATELIN.

Des manières[1] nobles et franches qui gagnent le cœur de tout le monde.

GUILLAUME.

Oh! point, monsieur.

PATELIN.

Parbleu, la couleur de ce drap fait plaisir à la vue[2].

GUILLAUME.

Je le crois : c'est couleur de marron[3].

PATELIN.

De marron? Que cela est beau ! Je gage, monsieur Guillaume, que vous avez imaginé[4] cette couleur-là ?

GUILLAUME.

Oui, oui, avec mon teinturier.

PATELIN.

Je l'ai toujours dit : il y a plus d'esprit dans cette tête-là que dans toutes celles du village.

GUILLAUME.

Ah! ah ! ah !

PATELIN (tâtant[5] le drap).

Cette laine me paraît assez bien conditionnée[6].

---

1. Les manières : bas Wesen. — 2. Faire plaisir à la vue : die Augen erfreuen. — 3. Couleur de marron : Kastanienbraun. — 4. Imaginer : erdenken. — 5. Tâter : anfühlen. — 6. Me paraît assez bien conditionné: sieht mir ziemlich hübsch aus.

GUILLAUME.

C'est pure laine d'Angleterre.

PATELIN.

Je l'ai cru.... A propos[1] d'Angleterre, il me semble, monsieur Guillaume, que nous avons autrefois été à l'école ensemble.

GUILLAUME.

Chez M. Nicodème.

PATELIN.

Justement. Vous étiez beau comme l'Amour[2] !

GUILLAUME.

Je l'ai ouï dire à ma mère.

PATELIN.

Et vous appreniez tout ce qu'on voulait.

GUILLAUME.

A dix-huit ans[3] je savais lire et écrire.

PATELIN.

Quel dommage que vous ne vous soyez appliqué[4] aux grandes choses ! Savez-vous bien, monsieur Guillaume, que vous auriez gouverné un État?

GUILLAUME.

Comme un autre.

PATELIN.

Tenez[5], j'avais justement dans l'esprit[6] une couleur de drap comme celle-là. Il me souvient que ma femme veut que je me fasse un habit : je songe que demain matin, à cinq heures, en portant vos trois cents écus, je prendrai peut-être de ce drap.

---

1. A propos : was ich sagen wollte. — 2. Wie ein Amor. — 3. Im acht-zehnten Jahre. — 4. S'appliquer : sich befleißen; gén. — 5. Tenez : nun ja. — 6. Dans l'esprit : im Sinn.

GUILLAUME.

Je vous le garderai.

PATELIN (à part).

Le garderai, ce n'est pas là mon compte. (Haut.) Pour racheter une rente, j'avais mis à part ce matin mille deux-cents livres[1], où[2] je ne voulais pas toucher; mais je vois bien, monsieur Guillaume, que vous en aurez une partie.

GUILLAUME.

Ne laissez pas de[3] racheter votre rente; vous aurez toujours[4] de mon drap.

PATELIN.

Je le sais bien; mais je n'aime point à prendre à crédit. Que je prends de plaisir à vous voir frais et gaillard! Quel air de santé et de longue vie!

GUILLAUME.

Je me porte bien.

PATELIN.

Combien croyez-vous qu'il me faudra de ce drap, afin qu'avec trois cents écus je porte aussi de quoi le payer?

GUILLAUME.

Il vous en faudra... Vous voulez, sans doute, l'habit complet?

PATELIN.

Oui, très-complet. Justaucorps, culotte et veste, doublés du même, et le tout bien long et bien large.

GUILLAUME.

Pour tout cela il vous en faudra.... oui.... six aunes.... Voulez-vous que je les coupe, en attendant?

---

1. Traduisez par le mot français. — 2. Où : welche ich nicht antasten wollte. — 3. Laisser de : unterlassen. — 4. Toujours : immerhin.

PATELIN.

En attendant.... Non monsieur, non ; l'argent à la main, s'il vous plaît ; l'argent à la main : c'est ma méthode [1].

GUILLAUME.

Elle est fort bonne.... (à part.) Voici un homme très-exact.

PATELIN.

Vous souvient-il, monsieur Guillaume, d'un jour que [2] nous soupâmes ensemble à l'écu de France [3] ?

GUILLAUME.

Le jour qu'on fit la fête du village ?

PATELIN.

Justement ; nous raisonnâmes à la fin du repas sur les affaires du temps : que je vous ouïs dire de belles choses [4] !

GUILLAUME.

Vous vous en souvenez ?

PATELIN.

Si je m'en souviens ! vous prédites dès lors tout ce que nous avons vu depuis dans Nostradamus.

GUILLAUME.

Je vois les choses de loin.

PATELIN.

Combien, monsieur Guillaume, me feriez-vous payer de l'aune de ce drap ?

GUILLAUME (voyant la marque).

Voyons ; un autre en payerait, ma foi, six écus, mais, allons.... Je vous le baillerai [5] à cinq écus.

---

1. Das ist meine Art. — 2. Que : wo. — 3. Im französischen Schild. — 4. Que de belles choses : Wie viel Schönes. — 5. Sie werden es.... kriegen.

PATELIN (à part).

L'usurier[1]!... (Haut.) Cela est trop honnête. Six fois cinq écus ce sera justement....

GUILLAUME.

Trente écus.

PATELIN.

Oui, trente écus; le compte est bon[2].... Parbleu, pour renouveler connaissance, il faut que nous mangions, demain à dîner, une oie dont un plaideur m'a fait présent.

GUILLAUME.

Une oie! Je les aime fort[3].

PATELIN.

Tant mieux : touchez-là[4] ; à demain à dîner; ma femme les apprête à miracle[5]. Par ma foi, il me tarde qu'elle me voie sur le corps un habit de ce drap! Croyez-vous qu'en le prenant demain matin, il soit fait à dîner?

GUILLAUME

Si vous ne donnez du temps au tailleur, il vous le gâtera.

PATELIN.

Ce serait grand dommage.

GUILLAUME.

Faites mieux : vous avez, dites-vous, l'argent tout prêt?

PATELIN.

Sans cela je n'y songerais pas.

---

1. L'usurier : des Wucherers. — 2. Bon : richtig. — 3. Je les aime fort : deren bin ich ein großer Liebhaber. — 4. Touchez-là : patschen Sie die Hand; comparez avec le latin *pacisci*. — 5. A miracle : wunderschön.

GUILLAUME.

Je vais vous le faire porter chez vous par un de mes garçons[1]; il me souvient qu'il y en a là de coupé justement ce qu'il vous en faut.

PATELIN, prend le drap.

Cela est heureux!

GUILLAUME.

Attendez. Il faut auparavant que je l'aune en votre présence.

PATELIN.

Bon! Est-ce que je ne me fie pas à vous?

GUILLAUME.

Donnez, donnez, je vais le faire porter; et vous m'enverrez par le retour[2]....

PATELIN.

Le retour?... Non, non; ne détournez pas vos gens; je n'ai que deux pas à faire d'ici chez moi.... Comme vous dites, le tailleur aura plus de temps.

GUILLAUME.

Laissez-moi vous donner un garçon qui me portera l'argent.

PATELIN.

Hé! point, je ne suis pas glorieux[3]; il est presque nuit, et sous ma robe, on prendra ceci pour un sac de procès.

GUILLAUME.

Mais, monsieur, je vais toujours vous donner[4] un garçon pour me....

---

1. Garçon : der Junge, ou Ladenjunge. — 2. Par le retour : mit rück-
kehrendem. — 3. Glorieux : eitel. — 5. Donner : mitgeben.

PATELIN.

Hé! point de façon, vous dis-je.... (Il prend le drap.)
A cinq heures précises[1] trois cent trente écus, et l'oie
à dîner. Oh! ça, il se fait[2] tard; adieu[3], mon cher
voisin, serviteur.... Eh! eh! serviteur.

GUILLAUME.

Serviteur, monsieur, serviteur.

BRUEYS ET PALAPRAT.

1. A 5 heures précises : Schlag fünf Uhr. — 2. Il se fait : es wird. —
3. Adieu : Gott grüße euch.

FIN DES THÈMES ALLEMANDS.

Paris. — Imprimerie de Ch. Lahure, rue de Fleurus, 9.